KB089609

인문으로
바라보는 세상

초판 1쇄 발행 2021. 7. 30.

지은이 신연강
펴낸이 김병호
편집진행 임윤영 **｜ 디자인** 양헌경
마케팅 민호 **｜ 경영지원** 송세영

펴낸곳 주식회사 바른북스
등록 2019년 4월 3일 제2019-000040호
주소 서울시 성동구 연무장5길 9-16, 301호 (성수동2가, 블루스톤타워)
대표전화 070-7857-9719 **경영지원** 02-3409-9719 **팩스** 070-7610-9820
이메일 barunbooks21@naver.com **원고투고** barunbooks21@naver.com
홈페이지 www.barunbooks.com **공식 블로그** blog.naver.com/barunbooks7
공식 포스트 post.naver.com/barunbooks7 **페이스북** facebook.com/barunbooks7

이 책은 ｜춘천문화재단 의 문화예술지원사업 지원으로 출간되었습니다.

인문으로
바라보는 세상

신연강 지음

바른북스

천상(天上)의 어머니께

머리말

기다림은 돌담을 지나 마침내 모습을 드러냅니다. 먼 길을 에둘러 나타나듯, 아스라한 항해를 끝내고 목적지에 다다르듯, 이제야 약속을 지킵니다. 자신과의 약속이기도 하지만, 세상과의 약속이기도 합니다.

그동안에 많은 일이 생겼습니다. 근래 몇 년간 개인적으로나 사회적으로 예기치 않던 일들을 접하면서, 시대의 흐름과 더불어 개인적, 사회적 변화는 필수 조건이 되었고 이 모든 것이 제 여행에 동반자가 되었습니다.

이 책에는 코로나19가 창궐하던 시기에 쓴 글이 참 많습니다. 힘든 시간을 관통하며 생겨난 절절한 일, 느낌, 생각 등을 차분히 적어보고자 했습니다. 그동안 확연히 달라진 점은 생명에 대한 인식입니다. 무엇보다도 삶과 죽음은 별개의 개체가 아니라는 것을 가슴에 새기게 되었습니다. 우리 삶은 두 트랙이 한 선로 위를 같이 가고 있다는 것이지요.

글쓰기 여정이 순탄하다고 할 수는 없었지만, 이제 잠시 숨을 고르며 지나온 글들을 모아봅니다. 시기가 다른 여러 글이 모여 강처럼 흐르므로, 강가의 벤치에서 강을 바라보듯 언제든 읽고 싶은 곳을 펼쳐 눈에 들어오는 글을 읽을 수 있습니다. 또 다양한 주제의 글을 통해 필자와 오순도순 얘기하듯 생각을 공유할 수 있을 것입니다.

부족한 글이지만, 이 책이 동시대를 살아가면서 다양한 주제에 대해 생각하는 계기를 마련해주고, 또 생각과 마음을 함께 하는 접점이 되기를 기대합니다. 휴식을 취하고 싶은 이에게는 쉼터가 되고, 지친 사람에겐 숨을 돌릴 수 있는 벤치가 되면 좋겠습니다. 글을 읽어가며 목을 축이고 마음을 가다듬을 수 있는 청량제가 되면 좋겠습니다.

정성 들여 책을 만들어 주신 바른북스 출판사와 관련자께 고마움을 전합니다.

목차

머리말

I.

인문으로 보는 세상

Ⅱ.

인문
너머의
사유

Ⅲ.

책 속의 책, 글 속의 글

Ⅳ.

사랑의 마음

Ⅴ.

사유의 지평 위에서

I.

인문으로
보는 세상

국수 한 그릇 어떤가요

비가 제법 내립니다. 모처럼 길게 호흡하며 주말 내내 대지를 적실 것 같습니다. 사선을 그며 떨어지는 빗줄기를 따라가던 물방울들이 실루엣을 펼칩니다. 희뿌연 대기 속에 보이는 낯익은 얼굴. 제임스 조이스(James Joyce)가 걸었던 더블린(Dublin) 거리를 걸으며 소설 속 주인공이 되어 주위를 돌아보고 스쳐 지나는 생각을 붙잡습니다.

찬 대기 속을 걷다 보니 따끈한 국물이 그리워집니다. 바로 국수가 생각나는 때입니다. 국수는 제게 애틋한 사연을 갖고 있습니다. 어머니 살아생전에 가장 애용하시던 음식이었죠. 본시 소화력이 약하고, 일찌감치 틀니를 하셨던 어머니는 힘들이지 않고도 쉽게 먹을 수 있는 국수를 자주 드시곤 했습니다. "밥 먹어야지?"하시면서 국수를 끓여 내시던 그 모습과 음성이 아른거립니다.

국수의 매력을 알게 된 것은 시간이 한참 지나서입니다. 가끔 지나던 거리의 한 식당에 줄이 길게 늘어서 있습니다. 지날 때마다 사람들로 항상 북적이는 곳이어서 언제고 한번 들려봐야겠다고 생각하게 됐습니다. 시간을 거슬러 추억의 음식을 만나는 낭만 여행을 꿈꾸면서 말이죠.

오늘처럼 비가 내리고 한기를 느끼는 날, 국수는 몸과 마음을 덥히는 한 끼 식사로 제격입니다. 굳이 날씨를 고집하지 않는다면 화창한 날 맑은 기운을 느끼기에도 그만이지요.

국수의 매력은 무엇일까요? 애호가들에게 국수는 꽤 사랑받는 음식입니다. 그들에게 국수가 사랑받는 이유가 분명 있을 텐데… 저는 국수의 매력은 담백함과 단출함이라고 생각합니다. 비빔국수도 나름의 매력이 있지만, 뽀얀 멸칫국물에 둘둘 말은 면을 넣고 그 위에 파를 숭숭 썰어 넣은 담백한 국수가 제게는 매력 만점입니다.

사실 국수는 반찬이 별반 필요치 않은 음식입니다. 겉절이 김치 하나만으로도 면과의 조화가 훌륭하게 이루어지니까요. 그뿐인가요, 나무 젓갈로 술술 말아 먹고 살짝 건져 먹을 때, 다른 음식에선 느낄 수 없는 또 다른 만족감이 있습니다. 국수를 다 건져 먹은 뒤 마지막으로 할 일은 주위의 시선을 의식하지 않고 조금은 야만스럽게 뽀얀 국물을 들이켜는 것입니다. 이제 국수 한 그릇을 다 비웁니다.

만들 때나 먹을 때 결코 번거롭지 않은 음식. 번듯하지 않아도 소박함과 고운 기운으로 풍미를 건네는 국수가 무척 그리운 날입니다. 국수 한 그릇 비우며 국수 같은 간소한 삶을 떠올려 봅니다.

주인을 기다리는 마음

주인을 기다리는 마음은 어떨까요? 주인의 보살핌을 받거나, 주인에게 의탁하는 처지가 되어 기다림을 갖는다면 말입니다. 요즘은 많은 가정이 반려동물을 키웁니다. 애완견이 많지만 고양이를 기르는 집도 있고, 또 카멜레온이나 그 밖에 뱀 같은 특이한 파충류를 기르는 가정도 있습니다.

시골집 강아지라면 따뜻한 양지에서 주인이 장에서 돌아오길 무던히 기다리는 동물이 될 것입니다. 길을 지나다가, 주인이 오토바이 타고 돌아오는 소리에 창으로 껑충 올라와 꼬리를 올리며 주인을 반기는 영특한 고양이를 본 적도 있습니다. 어느 작가는 고양이를 일컬어 "인간을 위해선 손톱만큼도 일하려 하지 않는 이기적인 동물이다." 라고 하더군요. 그렇지만 게으름 대신 애교를 부리는 예도 있습니다. 그래도 주인의 차 소리를 듣고 한걸음에 달려올 정도면 사랑을 받을 만하다고 생각합니다.

굳이 살아있는 동물이 아니더라도 인간의 손길을 기다린다면, 이 역시 주인을 기다린다고 할 것입니다. 고가의 명품이나 희귀품을 소유한 주인의 경우엔, 주객이 전도되어 소유자가 사물을 떠받치는 상황이 됩니다. 그래서 고가의 명품은 주인의 재력이 권력화 되어 사물을 소유하는 순간, 주인의 마음은 피동적 입장이 되어 소유물을 떠받치는 역설적 상황이 될 것입니다.

그 밖에도 세상에는 주인을 기다리는 숱한 것들이 있습니다. 신발장에서 주인의 발을 애타게 찾는 신발이며, 비 오는 날 외출하기를 기다리는 우산, 또 상점에서 자신을 데려갈 구매자를 기다리는 물건들, 전통 오일장 장터에 누워 선택받기를 고대하는 많은 물건, 짧게는 단 몇십 분일지라도 자신을 이용해주길 기다리는 택시, 시간에 쫓겨 주인이 좌석에 앉자마자 내달리는 시내버스 등 눈에 잘 띄지 않는 수많은 사물이 나름대로 주인과의 관계를 설정하고 있습니다.

병약한 주인을 기다리는 텅 빈 방도 있습니다. 저에게도 이 방이 하나 있지요. 이 방은 어머니께서 젊으셨을 때, 가족이 이곳으로 이사 온 뒤에 줄곧 안방으로 쓰이던 방입니다. 그래서 이곳은 오십여 년을 변함없이 주인의 일상을 담아왔습니다. 올해 봄 어머니는 여든세 번째 생신을 맞으시고, 이곳에서 예전과 다름없이 더운 여름을 보내셨습니다. 지난달 그 방은 어머니를 다시 응급실에 보내면서 어둠 속에 주인을 기다리고 있습니다.

몇 년 전 급히 수술해야 했던 어머니. 그토록 오랜 시간 집을 비우실 줄은 몰랐습니다. 생사의 고비를 세 번이나 넘나들며 긴 투병을 이어갔기에, 주인을 기다리는 방은 불도 켜지 않고 어둠 속에 어머니를 그리워했습니다. 사오 년 전 크리스마스를 불과 며칠 앞두고서 어머니는 긴급하게 병원을 찾아야 했습니다. 예약 날짜도 기다리지 못하고 급히 신장 수술을 해야 했던 당신은 혈관이 가늘어 목에 투석 관을 꽂아야 했고, 팔에 인공혈관 삽입을 해야만 했습니다. 수술이 잘 돼서 일주일 만에도 퇴원할 수 있겠다고 했는데, 어느 날 주치의가 폐렴을 진단했을 때 지켜보던 가족들은 또 한 번 어둠의 나락으로 떨어졌습니다.

　항생제를 매일 투여하다시피 해서 운 좋게 회복하시는가 싶더니, 어느 날 간호사들이 달려와 독실로 격리하기에 처음엔 당신의 건강을 위해서인가보다 생각했습니다. 뜻밖에도 VRE(항생제 내성 바이러스) 진단을 하기에, 수술동의서에 또 한 번 서명해야 했던 제 가슴은 무너져 내렸습니다. 항생제에 내성이 생긴 독한 바이러스의 전파 가능성 때문에 병실 입구부터 모든 물품까지 일회용을 사용하고, 의료진과 보호자 모두 마스크, 장갑 등을 착용해야만 했습니다. 음성판정이 세 번 내려지면 격리를 해제하고 병원을 나갈 수 있다는 의사의 말에 화가 치밀기도 했습니다. 그렇지만 어머니는 강하셨지요! 세 번의 고비를 다 이겨내셨으니까요. 그동안 해가 바뀌고 계절이 바뀌어도 돌아온다는 소식 없기에, 집은 쓸쓸하고 어둡기만 했습니다. 제가 가끔 들여다봐도 방은 역시 주인이 와야만 환하게 웃을 것 같았습니다.

돌아보면, 사람이고 자연이고 시간이 흐르면서 낡고 연약해지며 종국에는 부서져 사라지는 것이 자연스러운 순환의 이치입니다. 생각해보니 사람의 생로병사를 간결하게 정의한 철학자 이반 일리히(Ivan Illich)가 떠오릅니다. 그가 다른 철학자에 비해 특별하다고 생각되는 점은 학교와 병원에 대한 그의 독특한 사고 때문입니다. 일리히는 제도권 교육을 대변하는 학교와 생로병사를 방해하는 병원을 없애야 한다고 주장합니다. 즉 사람은 나이 들어서 병들고 앓다가 자연스레 죽음을 맞이해야 하는데, 병원은 인간의 생명을 인위적으로 연장함으로써 자연의 흐름을 방해하고 순환 원리를 위배한다고 지적했습니다. 병원을 없애고 인간의 수명을 자연의 흐름에 맡기자는 일리히의 이론이 급진적이긴 하지만, 저는 그의 사상에 상당히 공감해왔습니다. 하지만 이번만큼은 제 마음이 그의 견해에 동의할 수 없을 것 같습니다.

몇 년 전 응급실을 찾았을 때를 생각하면 이번 수술은

결코 크다고는 할 수 없으나, 지병과 연세가 당신께는 넘어야 할 큰 산임을 알고 있습니다. 주인을 기다리는 집은 그런 사실을 아는지 모르는지, 비가 오건 날이 맑건 무던히 주인을 기다리고 있습니다. 어머니의 손때가 수십 년 묻은 그 집이 마냥 게을러지고 있습니다. 치장도 할 줄 모르고, 창을 열고 숨을 쉬려고 하지도 않습니다. 이렇듯 바보 같지만, 어머니도 이 바보가 주인을 생각하는 마음엔 변함이 없다는 것을 아시죠, 어머니! 이번에도 잘 버티시고 꼭 이겨내시어, 주인을 기다리는 방이 다시 환하게 불 밝히며 기뻐하게 해주시리라 믿습니다. 어머니는 그 방의 주인만이 아니라, 저의 영원한 주인이시니까요.

3.
법정을 그리워하는 나무

밤사이 내린 비로 대기가 선선하건만, 가만히 있으려해도 마음이 자꾸만 달아난다. 대개 태양이 떠오르면 공기는 달아오르고 마음은 들뜨기 마련이다. 그래서 사람들은 너도나도 집을 나서고 이곳저곳에서 터지는 꽃망울은 발걸음을 유혹한다. 미처 마음의 준비가 안 되었음에도 이처럼 마음이 내달리는 이유는 무엇일까.

차분한 공기 속에 남녘 한적한 곳으로 향한다. 몸은 의자에 있고 손엔 펜이 쥐어져 있으나 마치 펜을 지팡이 삼듯 깊은 산속의 한 암자로 향한다. 펜은 또 발이 되어 한발 한발을 내디딘다. 어느 시인의 말마따나 '의지에 의해서가 아니라 그저 펜 가는 대로 흘러가듯' 마음이 발걸음을 따라 좁은 오솔길을 지나고, 낙엽이 한 잎 두 잎 흩날리는 산사에 이르러 발 앞에 떨어진 후박나무 잎을 본다.

이 길은 배우 박진희가 차분하고 절제된 모습으로 법정 스님의 삶을 돌아보는 다큐멘터리에서 소개한 길이다. 한국의 삼대 사찰로 꼽히는 송광사(松廣寺)로 가는 길. 본 사찰을 지나 이어지는 좁은 오솔길은 불일암(佛日庵)으로 향하는 길이다. 가을이 깊어가는 그때의 여정을 오늘 떠올리게 됨은 아마도 차분한 공기 탓이리라. 나로서는 마음속 가을 여행을 떠나는 것이다. 산사에 들어서면 커다란 잎을 이제 막 발밑에 떨어뜨려 내는 곧게 뻗은 후박나무가 보인다. 법정 스님이 무척 아끼고 사랑했던 나무다. 스님은 자신이 기거하던 아담한 산채에서 이승에서의 삶을 마치고 산채 앞의 후박나무(향 목련) 아래 영면해있다.

여름엔 크고 무성한 잎으로 시원한 그늘을 만드는 나

무 아래에서, 스님은 직접 만든 작은 의자를 놓고 마음껏 책을 읽었다고 한다. 그리고 가을이면 미련 없이 큰 잎을 떨어뜨리는 나무의 솔직하고 담백한 모습을 보면서 스님은 나무의 때 묻지 않음을 마음에 들어했다. 삶의 여정이 끝나갈 무렵, 스님은 나무가 제공한 지난여름의 수고를 고마워하면서 유해를 나무 아래 묻어달라 했다고 한다. 사랑이란 무릇 이렇게 고마워하고 주면서 떠나는 것이 아닐까 싶다. 후박나무는 자신을 그곳에 심고 키운 스님의 영혼을 간직하고 사계를 맞는다. 살아서 친구가 돼 주고 더운 여름날 그늘이 되어준 나무에게, 스님은 오늘 다시 친구가 되어준다. 먼 산을 바라보며 스님을 그리는 나무를 다독이며 양분이 되어준다.

산채에 들어서니 호젓하고 단출한 산골생활의 분위기가 느껴진다. 그곳에서 법정 스님의 제자와 여배우가 정성스레 우린 맑은 차 한 잔을 기울인다. 산채의 아침 예불이 끝날 무렵에 먼 산을 향해 열리는 사각의 창. 완만하고 평온한 산을 시야에 담고, 훌훌 잎을 떨어뜨린 후박나무를 오른 켠 가까이 담아낸다. 가을날 미련을 두지 않고 깨끗이 잎을 떨어뜨리는 그 비움을 스님은 좋아하고 아꼈다고 한다. 이 창으로 보이는 산사의 풍광과 자연 전경, 그리고 허허니 서 있는 후박나무의 모습이 사각의 창으로 다가온다. 창은 현실의 삶을 넘어 마치 피안의 세계로 나가듯 아스라이 마음을 이끈다.

잠시나마 마음은 즐거웠지만, 상상 속 여행은 계절을 오래 벗어나지 못한다. 지금 여름을 떠나보낸 가을 숲엔 또 다른 생명이 가득할 것이다. 산길엔 풀이 무성하고, 가지마다 수를 놓듯 나뭇잎은 형형색색으로 물들며, 새들은 각기 다른 소리로 요란스레 노래할 것이다. 지게를 지고 겨우 지나던 좁은 숲길엔 더러 칡넝쿨이 가는 발걸음을 붙잡을 것이며, 보랏빛 싸리 꽃 향이 코를 실룩이게 할 것이다. 굵은 전나무 줄기에 접착된 푸른 이끼가 산길 나그네의 가슴속 얼룩을 지워낼 것이며, 적막한 숲을 비추는 눈부신 햇살은 눈과 가슴을 지나 뇌리에 각인될 것이다.

법정이 사랑한 나무, 법정을 그리는 나무.

다 비우고 떠날 수 있음을 부러워하며, 다 건네고 떠남을 고마워하며, 다시 생기 있게 피어올라 나아갈 수 있음을 그처럼 열망하면서, 새처럼 꽃처럼 바람처럼 하늘처럼 그리고 묵묵한 바위처럼, 존재를 그리는 시간여행을 꿈꾼다. 그리고 어느새 계절의 축을 돌아 가을이 손짓할 때 그가 사랑한 후박나무를 보고 싶다. 그를 그리는 후박나무를 만나고 싶다.

4.

산(山) 같은 죽음, 죽음 같은 잠

죽음은 산같이 밀려왔다. 그리고 죽음은 잠이 된다. 거대한 파도가 사면에서 죽음의 고리를 연결해 밀려온다. 남은 날들이 얼마 남지 않은 때에, 사월이 짐을 싸면서 절대 가볍지 않은 심술을 부리는가 보다. 엘리엇(T.S. Eliot)이 말한 '잔인한 달'을 떠올린다.

하지만 잔인한 사월은 곧 끝날 것이다. 시간의 강을 흐르기 때문만은 아니다. 온갖 꽃들이 만개하고, 계절의 여왕인 장미도 그 화려한 자태를 뽐낼 것이며, 초목은 싱그러움으로 일렁일 것이기 때문이다.

하지만 죽음은 분명 갑작스레 몰려온다. 죽음과 같은 잠이 몰려오면 며칠을 주체하지 못하고 잠에 빠져든다. 비몽사몽간에 벌여놓은 일은 어설프게 마무리된다. 멀쩡하던 손은 물건을 떨어뜨려 깨뜨리기도 한다. 주변은 죽음으로 소란해진다. 알던 누군가가 세상을 떠났다는 말은 실감나지 않는다. 과로로 인해서인지 애주로 인해서인지 알 수가 없다. 연락이 끊겼던 친구로부터 전화가 왔다. 휴대폰을 빼앗기고 감금이 되었기에 면회를 틈타 잠시 전화를 한다는 것이다. 믿어지지 않았다. 얼마 뒤엔 통화가 되지 않는다. 일상은 일상이 아닌 낯선 일이 되어간다.

죽음은 내게도 찾아온다. 불임의 계절일까. 무기력한 손은 비 맞은 석회암처럼 굳어버린다. 모진 겨울에도 생각은 활화산처럼 이글거리며 글을 쏟아냈건만, 꽃이 만발하는 계절에 몸속을 흐르는 차디찬 바다… 엘리엇의 '잔인한 사월'이 떠오른다.

사월(四月)은 가장 잔인한 달

죽은 땅에서 라일락을 키워내고

추억과 욕정을 뒤섞고

잠든 뿌리를 봄비로 깨운다.

– 엘리엇(T.S. Eliot), 「주검의 매장(埋葬)」 중에서

그가 사월이 잔인한 달이라고 한 것은 만물이 소생하는 봄에 자신의 마음이 피어나지 못했기 때문이다. 동토가 녹고 초목이 살아나는 계절임에도 변치 않는 자신의 내면세계에 대한 고통이 컸던 까닭이다. 글을 쏟아내지 못

하는 시간은 잠자는 시간이고, 죽음에 처한 시간이다. 산 같은 잠과 주변의 부음은 쓰나미가 되어 다가온다. 모친의 영면에 핼쑥해진 친구의 얼굴이 떠오른다. 요양병원에 머무는 모친을 방문하러 가면, "동생 왔어." 하고 반겨주었다는 모친을 회고하는 친구를 보면서… 장례식장에서 자연스레 터져 나오는 웃음을 나도 어쩔 수 없었다.

사람들이 떠나간다. 그리고 또 모두가 언젠가는 떠난다. 산자는 죽은 자를 바라보고, 생각하고, 죽음 같은 잠을 잔다. 몇 날 며칠을… 그리고 다시 봄비 속에 싹을 틔우고, 잎을 키워내며, 보이지 않는 꿈을 뻗어간다.

잠은 자꾸만 자도 채워지지 않는다. 결국 풀어진 육체를 가두는 데는 죽음만 한 것이 없다는 결론이 선다. 그러나 걱정할 필요는 없다. 육신의 종말, 삶에 대한 매듭이 아니기 때문이다. 이전 세계와의 단절. 두려움 속에 넘지 못했던 경계, 낯선 세계에 대한 움츠림, 고정된 시선으로 바라보던 세상, 이전까지 마음에 생경하고 척박하고 불안하게 느껴졌던 곳으로의 여행이면 된다.

삶은 아는 것보다 모르는 것, 안정적인 것보다 불안정한 것, 친숙한 것보다 낯선 것이 더 많은 법. 이를 그대로 인정하고 경험하고 실천하면 되는 것이다. 21세기 정보, 문화 시대에 문화 디아스포라가 되는 일. 낯선 변경으로 한 발씩 걸어가기. 그리고 경계를 넘어, 산처럼 죽음처럼 거대한 공포와 위기감이 친근한 고향으로부터 삶을 조금씩 밀어갈 때, 에드워드 사이드(Edward Said)의 말을 떠올린다. '진정한 세계인이란 주변 모든 것을 낯설게 느끼는 사람'이라는 것. 즉 익숙한 것과의 결별을 꾀하고, 낯선 것으로부터 새롭게 경계를 넘어서는 가치를 발견하는 때가 되는 것이다.

생각해보니 죽음은 가장 다채롭고 선택의 여지가 많은 것이다. 죽을 때의 모습이 같은 사람은 결코 없다. 태어남은 본인의 의지로 인한 것이 아니나, 죽음은 선택적 의지가 작용할 수 있다는 점에서, 죽음은 한 길로 접어드는 복잡다단한 미로이다. 또한 생각에 따라서는 죽음은 가장 평등한 삶의 조건이기도 하다. 누구나에게 부여되는 것이기 때문이다. 만일 재산이 많거나 권력이 있는 자는 죽음을 회피할 수 있다면 아니 죽음이 부여되지 않는다면, 삶은 엄청 불공평한 것이 되기 때문에 사람들은 증오심을 가득 안고 신을 원망하며 생을 마감할 것이다. 모두가 한번 맞게 되어있는 죽음. 그나마 위안이 되는 신의 선물이다. 감사하는 마음으로 죽음을 기억하라!

메멘토 모리(Memento mori). 이 말은 로마시대에 원정에서 승리를 거두고 개선하는 장군이 시가행진을 할 때 노예를 시켜 행렬 뒤에서 외치는 함성이다. '메멘토 모리

⟨Memento Mori⟩!'라틴어로 '죽음을 기억하라'는 뜻인데, "전쟁에서 이겼다고 우쭐대지 말라. 오늘은 개선장군이지만 당신 또한 언젠가는 죽는다. 그러니 겸손하게 행동하라."는 의미에서 생겨난 풍습이라고 한다. 인디안 나바호족도 "네가 세상에 태어날 때 너는 울었지만 세상은 기뻐했으니, 네가 죽을 때 세상은 울어도 너는 기뻐할 수 있도록 그런 삶을 살아라."는 의미의 '메멘토 모리'를 가지고 있다.

우리는 늘 죽음과 동거하고 있다. 하지만 살아있다는 것만을, 그리고 양지에서의 삶만을 기억하려 하지 않는가. 현명한 삶이란 가치 있는 죽음을 전제로 하는 것. 개인이 만족하는 삶이던, 사회가 높이 평가하고 인정하는 삶이던, 그것은 가치 있는 죽음을 수반하는 것이다.

결국 현명한 삶이란 가치 있는 죽음을 생각하고, 지혜로운 죽음을 생각할 수 있을 때만 가능한 것이다. 살면서 죽음을 생각한다는 것이 영 멋쩍어 보이고 또 내키지 않는 일이지만, 그래야 삶이 더욱 가치 있어진다. 어느 날 밀려온 죽음의 쓰나미. 그리고 산 같은 죽음, 죽음 같은 잠! 그 속에서 삶은 다시 싹을 틔우고, 새 옷을 갈아입고, 떠오르는 해를 바라보는 일이 된다. 죽음 같은 잠속에 한 줄기 빛이 강하게 비칠 때 삶은 더 의욕을 불태운다. 산⟨山⟩ 같은 죽음 곁으로 작고 따뜻한 생명이 꿈틀대며 다가오는 것이다.

*제1회 코스미안상 당선 작품

5.
시 쓰는 법

갑자기 시를 쓰려니 펜이 나아가질 않습니다. 그렇다고 수학 공식처럼 시가 만들어져 나오는 것도 아닙니다. 답답한 마음에 '시는 이렇게 쓰는 것'이라고 얘기해주거나, '시를 이렇게 쓰시오'라고 알려주는 책이 있으면 참 좋겠다는 생각이 듭니다.

잠시 생각해보니 두 사람이 떠오릅니다. 바로 이성복 시인과 아키볼드 매클리시(Archibald MacLeish)입니다. 이성복 시인의 시집 『뒹구는 돌은 언제 잠깨는가』는 제가 젊은 시절에 구입해서 아직 서재에 간직하고 있습니다. 최근에는 지인의 소개로 그의 책 『무한화서』를 보게 되었습니다. 시를 짓고, 시에 임하는 자세가 강의 내지는 이야기 형식으로 되어있어서 많은 것을 느끼고 배울 수 있었습니다.

'시란 이런 것이다'에 관해서는 매클리시의 시 한 편을 통해 많은 것을 배울 수 있습니다. 그는 '시 쓰는 법을 시로' 보여주는 시인이라고 할 수 있습니다. 시인은 잘 익은 과일을 하나 보여주며 이것이 '시'라고 말합니다.

시 제목 Ars Poetica는 라틴어인데, 영어로는 The art of poetry입니다. 그래서 '시의 기법' '시학' '시론' 등으로 번역할 수 있을 것입니다.

시 법

시는 만져지고 묵묵해야 한다
둥근 과일처럼,

손끝에 걸려있는 메달처럼
말이 없고,

이끼 낀 창문 선반
빛바랜 돌처럼 고요하며—

시는 새의 움직임처럼
조용해야 한다.

시는 달이 오르듯
시간 속에 움직임 없이,

얼기설기 엉클어진 나뭇가지를

밤새 달이 하나하나 풀어놓듯이,

겨울 잎에 가린 달이
마음속 기억을 하나하나 풀어놓듯이,

시는 달이 오르듯
시간 속에 흔들림이 없어야 한다.

시는 진실이 아니라
그와 동등한 것이어야 한다:

슬픔을 위해서는
문간에 드리워진 단풍나무 잎을.

사랑에는
기대인 풀잎과 밤바다의 두 불빛을─

시는 의미할 것이 아니라
존재해야 한다.

ARS POETICA

A poem should be palpable and mute

As a globed fruit,

Dumb

As old medallions to the thumb,

Silent as the sleeve-worn stone

Of casement ledges where the moss has grown—

A poem should be wordless

As the flight of birds.

A poem should be motionless in time

As the moon climbs,

Leaving, as the moon releases

Twig by twig the night-entangled trees,

Leaving, as the moon behind the winter leaves,

Memory by memory the mind-

A poem should be motionless in time
As the moon climbs.

A poem should be equal to:
Not true.

For all the history of grief
An empty doorway and a maple leaf.

For love
The leaning grasses and two lights above the sea-

A poem should not mean
But be.

- 아키볼드 매클리시(Archibald MacLeish)

아키볼드 매클리시는 제가 좋아하는 시인이기도 하지
만, '시 쓰는 법'을 시로 풀어낸 보기 드문 시인입니다. 그래
서 이 시는 아주 독특하고 흥미로운 시라고 할 수 있습니다.

시인은 둥근 과일을 보이며, "시는 이처럼 둥근 것이며 오랜 시간을 간직한 돌과 새의 날갯짓처럼 고요하다."고 말합니다.

무시간 속의 시간 속에 달이 떠오르는 것과 밤하늘 나뭇가지 사이에 달이 얽힌 것을 풀어내는 장면을 시로 형상화했습니다.

시는 어떤 것을 꼭 직접 말하는 것이 아니라, 그에 대등한 것을 표현하고 전해주면 된다는 것입니다.

붉게 물든 단풍잎에서 슬픔을, 서로 기대인 풀잎에서 사랑을 보는 시인의 마음이 멋지지 않습니까. (원문을 음미하면 더욱 깊은 시의 맛을 느낄 수 있습니다.)

이성복 시인의 『무한화서』에서는 오랫동안 시인으로서 또 교수로서 시를 가르치고 시작에 임해온 시인의 진지하고 겸허한 자세가 느껴집니다.

그는 시란 '편하게 살려는 사람들을 어쩌든지 불편하게 만드는 것'이라고 정의합니다. 그래서 시인은 자기 생각을 드러낼 것이 아니라, 독자가 시인의 시를 통해 멋진 생각을 할 수 있도록 도와주면 된다는 것입니다. 다시 말하면, '시는 말하는 것이 아니라 말을 숨기는 것, 혹은 숨김으로써 말하는 것'이라고 정의합니다.

시에 관한 구체적 기법 중에는 프로이트의 '꿈 작업'

의 네 가지 방식을 시 창작에 적용한 것이 독특합니다. 즉, '응축, 이동, 형상화, 이차적 가공'. 이 과정을 통해 잠자는 사람의 욕망이 성취되듯이, 시를 통해 '말할 수 없는 것을 어떻게든 말하는 것'이 시의 작업이라고 말합니다. 또 다른 기법으로는 골프의 '중심이동'과 '궤도'를 적용합니다. 시는 자아에서 타자로, 속된 것에서 속되지 않은 것으로 중심을 옮기면서, 가장 크고 아름다운 궤도를 만드는 일이라는 것입니다.

그 밖에 글쓰기의 큰 틀을 짜는 시인의 자세를 보여줍니다. "글쓰기란 삶을 바꾸는 대신, 삶을 바라보는 시선을 바꾸는 것이다." 시를 쓴다는 건 스스로 맨 밧줄의 결박에서 풀려나는 과정이기 때문에, "처음부터 밧줄을 묶지 않았거나, 풀지도 않았으면서 풀려나는 것처럼 하면 안 된다."라고 조언합니다. 즉 시를 통해 거짓말하면 안 된다는 것입니다. 시란 참된 것이라는 것을 힘써 강조합니다. 마지막으로 시로 인해 우리는 "하나가 여럿이라는 것과 하나가 여럿을 가리고 있다는 것을 알게 된다."며 시가 주는 묘미를 알려줍니다.

가장 감명 깊은 것은, 원숙한 시의 경지에 도달한 시인이 전하는 삶의 성찰입니다. 그는 "인생에는 선과 악이 아니라, 성숙과 미성숙이 있을 뿐이다. 그것을 아는 것이 바로 '성숙'이다."라고 말합니다.

　많은 사람이 시를 쓰고 싶어 합니다. 또 많은 사람이 시인이 되고 싶어 합니다. 나 자신을 위해, 또 함께 나누기 위해, '시를 어떻게 써야 할까' 하고 망설여질 때, 이 시인들의 시론과 시법을 참고하면 큰 도움이 될 것 같습니다.

6.
무덤 속의 대화

미(美)와 진(眞)

나는 미(美)로 인해 죽었다–
무덤에서 적응하지 못하고 외로워하던
어느 날, 진리를 추구하던 이가
옆에 와서 묻혔다.

그가 조용히 물었다
"내가 왜 실패했을까요?"
내가 대답했다, "나는 미 때문인데요"–

그러자 그가 말했다.

"나는– 진(眞) 때문이고, 그 둘은 하나이니

그럼 우린 친구로군요"

그 후로, 동족으로서, 밤마다–

우린 나란히 누워 얘길 나눴다–

이끼가 우리 입을 덮고–

이름을 가릴 때까지–

I died for Beauty–but was scarce

Adjusted in the Tomb

When One who died for Truth, was lain

In an adjoining Room–

He questioned softly "Why I failed"?

"For Beauty", I replied–

"And I – for Truth– Themselves are One–

We Brethren, are" He said–

And so, as Kinsmen, met a Night–

We talked between the Room–

Until the Moss had reached our lips–

And covered up–our names–

– 에밀리 디킨슨(Emily Dickinson)

한 존재가 이승에서 외롭게 살다가 외딴곳에 묻히게 되었습니다. 밤이면 밤마다 외롭고 쓸쓸했는데, 어느 날 시끌시끌하더니 누군가 와서 묻히더라는 겁니다. 낯설기는 하지만 둘 다 너무도 외로워서 입에 이끼가 낄 때까지 여한 없이 수다를 떨게 되었다는군요. 후에 알고 보니, 둘은 너무도 가까운 친구, 미(美)와 진(眞)이라고 합니다. 아름다움에 거짓이 있을 수 없고, 진리면 아름답지 않을 수 없으니, 미와 진의 관계를 다시 확인하게 됩니다.

적막한 무덤에서 과연 이것이 가능할까요? 최고의 상상력이 만들어낸 멋진 이야기임에 틀림없습니다. 바로 일생을 은둔 속에 글을 쓴 최고의 여류시인 에밀리 디킨슨(Emily Dickinson)의 시입니다.

오늘 친구를 생각해보면 어떻겠습니까? 죽어서 서로 방문하는 것보다, 살아있을 때 좀 더 우정을 나누고, 미(美)와 진(眞)처럼 손잡고 갈 수 있는 소중한 친구를 다시 생각하게 됩니다.

7.

안갯속 실루엣

다가오는 것인가 아니면 멀어지는 것인가, 안갯속 실루엣. 부두에 앉아 항구를 보다가 자욱한 안개 속으로 들어간다.

안개는 온다
작은 고양이 발로.
가만히 쪼그려 앉아
항구(港口)와 도시(都市)를
바라보곤
살며시 떠나간다.

The fog comes
on little cat feet.
It sits looking
over harbor and city
on silent haunches
and then moves on.

– 칼 샌드버그(Carl Sandburg), 「안개(Fog)」 전문

담으려 해도 다물려지지 않는 열린 밤. 나쓰메 소세키 (일본 근대문학의 아버지라 불리는 작가)의 소설을 손에 잡았다. 몽환적이고 초현실적인 색채가 짙어서 잘 와닿지 않고, 그의 단편조차도 낯설기는 매한가지였다. 부정형의 움직임을 정형화하려 부단히 애쓰지만, 담을 수 없는 움직임은 밑 빠진 독을 빠져가듯 모래 위에 흩어진다. 삶의 속성을 빼닮은 글의 속성이기에 그것은 어쩌면 너무도 당연한 일이다.

레이먼드 카버(Raymond Carver)의 단편소설에서 느꼈던 그 낯섦과 거리감이 다시 느껴졌다. 마르셀 프루스트 (Marcel Proust)와 제임스 조이스(James Joyce)가 구사한 '의식의 흐름' 기법이 낯설면서도 묘한 끌림을 주었던 것을 생각하며 글을 읽어가니, 그제야 소설이 자리를 잡는다. 소세키 문학에 정통한 사토 야스마사가 말한 것처럼, "온 힘을 다해 플롯과 스토리를 설치하고 묘사해도 결국은 미해결인 게 '소설'이다."라는 말이 글쓰기의 어려움과 매력을 잘 전해준다.

한발 더 나아가서 보면 결국 글과 삶은 동격이 아니겠는가. 글에서 삶을 발견하고, 삶은 글이 되니까 말이다. "인생은 하나의 이론으로 정리될 수 없고, 소설은 하나의 이론을 암시함에 불과한 이상… 우리 마음속에는 밑변 없는 삼각형이 있다."라는 말을 들으면서, 그간의 내 경직된 글을 떠올린다.

'공동과제'. 글이란? 작가만의 과제가 아니라 또한 독자의 과제이기도 한 것. 읽는다는 것은 작품뿐 아니라, 글의 배후에 있는 작가의 생각을 포착하고 읽어내는 것이기에. 소설의 줄거리를 통해 재미를 느낄 수 있겠지만, 작가의 생각과 움직임을 간파할 수 있다면 좀 더 고차원적인 즐거움을 얻을 수 있지 않겠는가. 그렇게 '공동과제'를 통해 좋은 작가와 훌륭한 독자로 발돋움할 수 있다면 그 과제는 성공적이라고 할 수 있을 것이다.

"작가를 읽는다는 것은 작품 밑에 스며든 '작자의 안광'을 파악하는 것이고, 문체 밑에 파동치는 작가의 미묘한 '정신운동'을 파악하는 것이다."라고 소세키는 말한다. 그러니 이제부터라도 좀 더 애를 써볼 일이다. "글은 '작가의 의식(문체)'을 주목하는 것이고, 연극은 '배우의 연기'를 파악하는 것이다."라는 그의 묘사는 좀 더 쉽게 생생히 와닿는다.

안개 속 실루엣. 작가의 의식이, 배우의 연기가 꿈틀거리고 있었다. 끊임없이 움직이고 파동치며 깊이 들어가고 있었다. 끝이 열린 채로, 열린 결말을 안은 채로. 삶을 담은 글이, 글을 닮은 삶이, 안개 속에서 유영하고 있었다.

8

꼴찌에게 갈채를

꼴찌를 생각한다. 꼴찌는 누구이고, 어떤 존재인가? 학교에서든 사회에서든 그들은 존재해왔고, 세상의 무수한 시험에서도 자리해왔으며, 경쟁이 있는 곳 어디에서나 필연적으로 존재할 수밖에 없는 당위적 존재였다. 삶에 있어서, 생각에 있어서 꼴찌라는 개념조차도 생소한 사람이 있을 것이며, 꼴찌 경험이 있는 사람에게는 트라우마가 되며, 삶이 그것으로 점철된 사람에게는 무덤덤함이며 삶 자체일 수 있을 것이다.

꼴찌를 생각한 계기는 오래된 낡은 책 때문이다. 세련된 디자인과 최신 콘텐츠를 담은 수많은 책이 쏟아져 나오는 때에, 낡고 못생긴 헌책은 꼴찌와 마찬가지로 생각에서 벗어나 있으며, 무시당하기 일쑤이고 곧 폐기되어 쓰레기통에 버려지거나, 형편이 낫다면 중고서점에 헐값에 팔리기에 십상이다.

서고에서 잠자던 먼지 쌓인 책으로부터 어느 날 꼴찌가 내게 왔다. 오래전 시사영어사에서 발행한 문고판 『영한대역 문고 100』을 다시 펼치게 된 것은, 꼴찌를 바라보는 롤랑 바르트의 탁월한 식견 때문이다. 꼴찌에 관한 글은 『36인이 말하는 21세기 세계』에 실린 「무위는 인간성을 회복하는 길이다(Dare to Be Lazy)」에 담겨있다. 이 글 속에서 프랑스 비평가이며 작가인 롤랑 바르트는 노동과 생산의 굴레에 갇힌 현대인이 인간성을 회복하기 위해서는 선(禪)적인 무이념(無理念), 무행(無行), 무위(無爲)를 행해야 한다고 말한다. 그리고 그는 깊은 통찰력으로 꼴찌의 존재를 무위의 경지로 끌어올린다.

바르트의 철학은 경쟁 사회에 찌든 현대인에게 색다르고 신선한 관점을 제공한다. 바르트는 현대 생활에 있어서 무위가 어떤 것인지를 살펴볼 필요가 있다고 말한다. 장자의 무위(無爲)의 도를 그가 설파하고 있음이 참으로 신기롭다. 그의 물음은 현대의 삶에 무위(idleness)라는 것이 존재하는지, 또 모든 사람이 여가활동에 대한 권리를 논하면서도 정작 게으를 권리(무위)에 관해서 얘기하는 것을 본 적이 있느냐는 것이다.

바르트는 계속해서 묻는다. 현대 서구 세계에 아무것도 하지 않는 것(doing nothing)이 과연 존재하느냐고. 자신과는 전적으로 다른 삶을 사는 사람들, 즉 좀 더 소외되고, 어려우며, 힘겹게 사는 사람들조차도 한가한 시간에 아무것도 안 하는 삶을 살지 않는다는 것이다. 반드시 뭔가를 한다는 것이다.

그는 파리의 카페 거리를 떠올리며, "카페는 여유로움이 깃드는 한가로운 정경을 연출한다. 카페는 일종의 한유이다. 그러나 부산물이 있다. 거기에는 대화가 있음으로써, 활동의 모습을 띤다. 진정한 무위가 아니다."라고 말한다. 바르트는 '무위'란, 주체로서의 일관성을 상실하고 중심이 해체되어 '나'라고 말할 필요가 없는 몰아지경에 있는 상태라고 말한다.

따라서 진정한 한유는 근본적으로 결정하지 않음(not deciding), 그곳에 있음(being there)이 되는데, 바르트는 꼴찌의 존재를 이러한 차원에서 조명한다. 학교에서 밑바닥을 치는 아이들, 교실에 있다는 것을 제외하고는 아무런 특징이나 개성, 존재감을 가지지 못하는 열등한 아이들. 그들은 교실 활동에 적극적으로 참여하지 않지만, 그렇다고 배제되어 있지도 않다. 그냥 주목을 받지 않고 의미를 두지 않는 존재로서 그곳에 있다. 그것이 바로 우리가 때때로 바라는 상태임을 바르트는 직시한다. 아무것도 결정함 없이 그냥 그곳에 있는 것(being there, deciding nothing)이다.

문제를 좀 더 확장해볼 때, 무위는 악의 문제에 대한 철학적 해결책으로 간주해도 좋다고 바르트는 말한다. 답하지 않는 방식은 그동안 불신되어 왔는데, 현대 사회는 중립적 태도에 대해 편안함을 느끼지 못하며, 한유를 받아들일 수 없는 최고의 악으로 간주한다.

자칫 무위는 세상에서 가장 낡은 것, 가장 지각없는 종류의 행위로 인식될 수 있으나 사실 그것은 가장 사려 깊은 행위일 수 있다. 이점에 있어 무위의 부정적 측면에 관한 바르트의 고찰은 매우 날카롭다. 예를 들어 빅토리아 조의 영국이나 정통 유대교의 율법화된 사회에서는 휴식의 날이 어떤 행동들을 금하는 법규들로 규정되어 있다. 이러한 법규들은 모두가 아무것도 하지 않고자 하는 욕망의 발로다. 그러나 사람들이 그처럼 복종하지 않을 수 없는 처지에 놓이면 (즉, 무위가 외부로부터 강요되면), 그 즉시로 무위는 고통이 되고 만다. 바르트는 이 고통을 권태(boredom)라 부른다. 쇼펜하우어의 표현을 빌자면, "권태의 사회적 표현은 일요일(The social representation of boredom is Sunday)."이 되는 것이다.

학교 가는 것이 즐겁고 재미있는 초등학생이나 청소년들에게 일요일은 권태로운 날이다. 그러나 일상에 찌든 현대인들이라면 과중한 업무, 거래로 인한 스트레스, 직장 내 갈등, 성과 확대의 심적 부담 등 몸과 마음을 지치게 하는 일상으로부터 주말은 자유로운 날이며, 행복하고 게을러지고 싶고, 무위하고 싶은 날이 된다. 바르트의 표현을 빌린다면, "현대적 무위의 봉헌적 형식은 결국 자유(The votive form of modern, after all, is liberty)."이기 때문이다.

경쟁 사회에서 필요적 존재인 꼴찌들. 다른 관점에서 바라본 꼴찌는 무존재의 존재이다. 그들은 찬란히 빛나는 양지를 떠받치는 음지와 같은 존재이며, 아무도 주목하지 않는 잡초 같은 존재로서, 무한한 인내심으로 아무것도 하지 않는 무위의 존재이다. 그들은 자신이 속한 조직(그룹)을 말없이 떠받치는 존재의 역할을 충실히 하는 고마운 존재다.

꼴찌가 홀로 서는 날. 그날은 경쟁 속에서 꼴찌가 존재하는 것이 아니다. 꼴찌가 꼴찌 그 자체로서의 가치를 인정받고, 생명을 얻으며, 꼴찌를 내려다보던 인생들이 열린 시각으로 평등과 존재의 소중함을 깨닫는 날이 될 것이다. 꼴찌는 무위한다고 하더라도 오로지 그의 특유한 역할과 가치를 지닌다. 지금껏 우리 사회에서 투명 인간이었으며, 생각으로부터 벗어나 있었고, 무시당하고 버려졌던 존재들이 생명을 부여받는 날이다. 무존재의 존재가 존중받고 가치를 인정받아 독립하는 날이다.

꼴찌가 홀로 서는 날은 경쟁보다는 평등이 자릴 잡고, 꼴찌들의 인내심과 게으름(한유)이 새롭게 조명받으며, 무엇보다도 동등한 인간으로서, 한 조직(단체)을 묵묵히 떠받

치는 '무존재의 존재'라는 가치로 그동안 상실했던 사랑과
존중을 회복하는 날이 될 것이다.

*제1회 코스미안상 당선 작품

9.
신연강 이야기

얼마 전 엄청난 폭우로 인해 북한강이 범람하고, 거센
물살에 휩쓸려 고귀한 생명이 희생됐다. 그 거대한 물줄기
를 생각하니 신연강(新延江)에 얽힌 이야기가 자연스레 떠
오른다. 신연강은 내게 특별함을 갖고 있다. 특별한 까닭은
이 강이 전설 속에 남아있는 강이라는 점이며, 또 다른 한
가지는 내 삶의 연속적 측면에 이 강이 관련되어있다는
사실이다.

신연강의 유래(由來)는 그 역사와 의미가 꽤 흥미롭다.
신연강은 두 강이 합하여 하나의 새 강을 이룬다는 의미
이다. 한 줄기는 양구와 인제에서 발원한 맑고 깨끗한 강
이라는 뜻의 소양강(昭陽江)이고, 다른 한 줄기는 화천에서
내려온 자양강(紫陽江)인데, 이 두 강이 만나서 이루어진

강을 신연강(新延江)이라 한다.

강의 원류를 살펴보면, 어머니의 강(한강의 근원)이라는 뜻을 가진 모진강(母津江)이 화천 남강으로부터 춘천댐까지 내려오고, 이 지점으로부터 강물에 자주색이 비친다는 자양강(紫陽江)으로 이어진다. 다른 줄기로서, 인제 합강에서 시작한 강은 소양댐을 거쳐 소양강으로 흐르다가 소양강 처녀상이 있는 곳에서 자양강과 합류하여 신연강이 된다. 그 후에 현재의 의암댐 수역을 지나 남이섬이 있는 남면 방하리로 흘러간다.

이런 유래를 살펴보니, 이 강을 낀 수변도시에서 자라난 내게 신연강은 뗄 수 없는 인연으로 다가온다. 인문적 통찰과 인문을 넘어선 사회 비판적 관점을 하나로 묶어 삶을 바라보고자 하는 내게 '신연강'은 자연스레 필명이 되었다.

오늘날 고운 모래가 반짝이던 신연강은 더는 존재하지 않는다. 북쪽의 춘천댐과 소양댐, 그리고 하류의 의암댐으로 인해, 사실상 거대한 호수에 잠겨버렸기 때문이다. 하지만 끝없이 펼쳐진 백사장을 볼 수 없음에도, 그곳을 지나는 물줄기는 여전히 예전의 강과 강나루를 유유히 흐른다. 장구한 세월을 관통하여 변함없이 역사 속에, 마음속에, 그리고 기억에 흐른다. 변함없는 유구함으로.

신연강이 갖는 두 번째의 특별함은, 이 강이 내게 또 다른 삶의 경로가 되었다는 것이다. 즉 육체적, 정신적으로 제2의 삶을 살아가게 된 경로이다. 그것은 상실될 뻔한 삶이었으며, 부활하여 새로운 가치를 추구하는 삶이기도 하다. 내가 어렸을 적 소양강 백사장은 널리 알려져서 인근뿐만 아니라 수도권에서도 많은 사람이 찾는 유원지였다. 초등학교 저학년 때 그 강의 급류에 휩쓸려가 정신을 잃었을 무렵 구조되어 살아난 적이 있다. 인공호흡을 하고서야 살아난 깊고 무거운 삶의 기억이다.

이러한 두 가지 특별함으로 인해 '신연강'은 내게 묵직하게 다가온다. 이제 더 이상 모래가 반짝이던 강변을 거닐 수 없고, 발자국마다 자유를 남기면서 햇살을 만끽할 수 없기에 아쉬움이 크다. 하지만 붉은 노을을 이고선 삼악산 아래로 연연(蜒然)히 흐르는 강을 바라보면서, 블로그 「인문 너머의 사유」를 통해 독자와 끊임없이 소통하고자 하는 바람을 신연강 위에 싣는다.

'두 강이 하나 되어 새롭게 강이 된다'는 의미의 신연강(新淵江)처럼, **'인문 속 단상'과 '인문 너머의 사유'**를 통해 자연과 사람, 그리고 사회에 대한 통찰을 추구하겠다는 의지를 다진다. 유구하게 흘러가는 강처럼, 블로그 「인문 너머의 사유」를 통해 독자와 소통하면서 지식의 실천적 장을 마련해가고자 한다.

10.

갈대에게서 배운다

브로니 웨어(Bronnie Ware)의 『내가 원하는 삶을 살았더라면』에는 의미심장한 내용이 담겨있다. 그녀는 간병 간호사로 일한 경험을 바탕으로 임종을 앞둔 환자들에게 "가장 후회되는 것이 무엇인가?"라는 설문을 했다.

주목할 점은 환자 중 누구도 "일을 더 하지 못해 아쉽다."거나, "돈을 더 모으지 못해 한스럽다."라고 후회를 한 사람은 없다는 것이다. 많은 환자가 가족과 시간을 보내지 못한 것, 친구와 정을 나누지 못한 것, 자신 내면의 소리에 귀를 기울이지 못한 것, 감정을 충분히 표현하지 못한 것 등에 대한 소회를 밝혔다고 한다.

그녀가 인터뷰한 대부분의 환자가 이렇듯 재산상의 문제가 아니라 정서, 유대, 감정에 관련된 문제를 풀지 못하고 안타까움 속에 세상을 하직했다. 이런 점에서, '일'이란 인간의 생존을 유지하는 한 축임이 틀림없지만, 인간의 삶이 '일과 물질'에 경도될 때에 인간관계와 인간 심리에 치명적인 결과를 초래함은 분명해 보인다.

일에 관련하여 재미있는 표현이 있다. 우리가 흔히 알고 있고, 외식업체 광고에서 많이 목격한 TGIF가 대표적인 단어. 원어는 'Thank God It's Friday'이다. 얼마나 일에 치였으면, "오, 신이여 감사합니다, 금요일이군요!"라고 외치겠는가. 정반대로 TGIM도 있다. 일에서 재미를 느끼는 사람들로서는 무료한 주말이 빨리 끝나서 일을 죽어라하고 싶은지도 모르겠다. 그래서 이들은 월요일이 되면 신에게 감사한다. "Thank God It's Monday(신이여 감사합니다. 월요일을 주셨으니)!" 이쯤 되면 일에 중독되었거나, 미쳤거나 둘 중의 하나일 것이다.

어차피 인간은 거의 한평생 일을 하다가 삶을 마치게

되어있다. 그 일이 자신의 적성에 맞고 자신이 좋아하는 일이라면, 삶은 진지하고 재미있고 보람될 것이다. 그 후에 맞는 죽음이란, 비교적 행복하거나, 그래도 조금 아쉽거나, 괜찮았다고 말할 수 있을지 모르겠다. 서양의 문구 중 "죽음은 확실하지만, 그 시기는 분명하지 않다."라는 말이 있다고 한다. 그렇다면 죽음은 내일 올 수도, 더러는 먼 훗날 올 수도 있는 것인데, 문제는 전자처럼 곧 죽음을 맞는다면 '무엇을 남겨놓겠다'라는 생각은 매우 어리석고 치명적이지 않겠는가.

그 '무엇'에는 한순간에 담을 수 있는 어떤 가치가 있을까. 마지막 순간에 의미 있다고 생각할 수 있는 어떤 가치를 담을 수 있을까. 잠시 생각해보면 인간이 한평생 끝없이 추구하는 재산이며, 명예 그리고 권위도 다 부질없는 것이 될 수 있다. 마지막 순간을 가치 있게 만들 '그 무엇'에 과연 이 중 몇 개가 포함될 수 있겠는가.

꽉 찬 삶이 아니라 자신에게 공백(여백)을 부여하는 것은 어떨까. 빈 곳을 부여하는 것이다. 그래야 삶을 성찰하고, 부족함을 알고, 사회를 통찰하는 여력이 생길 것이다. 글에서도 예를 든다면, 글자가 가득 쓰여 있는 시는 왠지 가슴에 잘 들어오지 않는다. 마찬가지로, 삶이란 원래 부족한 것이므로, 부족함을 알고 인정할 때만 마음의 여유와 평안함이 생기는 것이다. 그런 의미에서 마음의 빈 곳을 남겨놓은 것은, 세상사의 스트레스를 이겨내고 경쟁 사회의 냉혹함과 비인간성을 넘어설 힘을 부여할 수 있다.

우연히 한밤에 라디오를 듣다가 미처 몰랐던 억새와 갈대의 차이를 알게 되었다. 억새와 갈대의 차이는 무엇인가. 모양은 비슷하지만, 억새는 산과 들에 자라며, 뿌리가 억세고 촘촘하여 주변에 풀이 잘 자라지 못한다고 한다. 반면 갈대는 강이나 하천 등 습한 지역에 서식하며, 뿌리가 성기어 타 식물과 함께 자라며 군락을 이룬다고 한다.

외양은 비슷하나 갈대 뿌리의 빈 공간은 스스로에게 건강을 부여하면서 타자와의 융합, 소통을 허락하는 삶이다. 또한 바람에도 한없이 관대하여 조화를 이루어내는 갈대의 유연함을 생각하면, 우리 인간도 이 같은 생각의 유연함이 필요하지 않을까 싶다. 억새의 억셈보다는, 갈대에서 배우는 공존의 지혜가 가슴에 와닿는 이유이다.

Ⅱ.

인문 너머의 사유

1

얼굴

'사회적 거리두기'로 인해 최근엔 사람들 얼굴 보기가 힘들어졌습니다. 물론 바이러스 확산 방지 차원에서의 마스크 착용도 얼굴을 가리는 데 한몫을 합니다. 이 같은 물리적, 사회적 차단은 인간의 심리를 위축시키기에 충분하고, 여러 번 듣고도 여전히 어색한 '사회적 거리두기'를 강조할 정도로 이번 바이러스는 강력하고 위험한 것으로 밝혀졌습니다. 이번에 인류는 아주 '독한 놈'을 만난 것입니다.

가능하면 집에 머물거나 외출을 자제하라는 권고는 그동안 우리 인간이 살아왔던 방식과는 대조적입니다. 사회적 동물인 인간은, 말 그대로 사람 사이에서, 또 사람과의 연대를 통해 삶을 영위하고 삶의 의미를 찾습니다. 그런데 이번 코로나19는 오랜 인류문명을 시험대 위에 올려놓고, 수많은 사람의 삶에 균열을 가져왔습니다.

어쨌거나 시간은 걸리겠지만, 인류는 백신을 개발하고 종국엔 이를 퇴치할 것입니다. 그때까지 구·신석기 시대처럼 각자의 동굴에 은둔하면서 건강을 지켜나가야 할 것 같습니다. 동굴을 거론하다 보니 자연스럽게 '얼굴'을 떠올리게 되는데, 언젠가 얼굴이란 '얼이 머무는 굴'이란 얘기를 들은 적이 있습니다.

정말 그럴듯하지 않은가요. '얼굴' '얼이 머무는 굴'. 결국 얼굴은 '정신과 영혼이 머무는 곳'이라는 의미입니다. 그래서 살아있는 우리는 매일 거울을 보며 얼굴을 닦고 가꾸는지 모릅니다. 또 이곳엔 신체의 중요한 부분으로서 오감과 관련된 눈, 코, 입, 귀, 그리고 두뇌가 모여있습니다. 따라서 얼굴은 한 존재를 대표하는 에센스가 됩니다.

존재의 에센스인 얼굴. 얼굴은 한 존재를 압축해 보여주기에, 우리는 매일매일 거울 속 자신을 들여다봅니다. 아는 사람이나 지나는 사람의 얼굴을 스윽, 보는 것만으로도 상대의 기분, 상태를 감지하게 됩니다. 그러니 얼굴을 잘 가꾸는 것의 중요성은 새삼 말할 필요가 없을 것입니다. 인상(관상)학에서도 밝은 얼굴, 생기 있는 얼굴을 매우 중요시합니다. 얼굴에 나타난 현상만으로도 그의 상태, 병력, 생각까지도 읽어낼 수 있다고 하니 말입니다.

봄비가 촉촉이 오는 오늘은 '그리운 얼굴'을 떠올리기 좋은 때입니다. 마침 '사회적 거리두기'가 한창 진행 중이니, 각자의 동굴에 머무는 동안 그리운 얼굴을 많이 떠올려보는 것은 어떨까요. 어려운 시기를 보내고 나서, 한동안 못 봤던 얼굴을 보게 되면 더욱 반가울 것입니다. 사회적 만남과 모임이 활발해질 때, 그동안 못했던 많은 얘기를 하면서 더욱 즐겁게 지낼 수 있을 것입니다.

각자 불편하고 힘든 시간 동안 건강을 잘 지켜내고 서로의 안녕을 기원하며, 다시 그리운 얼굴을 만날 때까지 자신을 얼굴을 잘 가꾸어가는 것이 '시대의 요청'입니다. 얼(정신)이 존재하는 한 얼굴은 밝게 빛날 것이며, 시대의 얼이 살아있는 한 인류문명은 존속할 테니까요.

2.
신언서판(身言書判)

글씨(書)가 왜 중요할까요? 글씨는 한 존재의 인품, 기상, 깊이와 창의성을 보여주기 때문입니다. 글씨에는 무엇보다 그 사람의 적공(積功)-내공(쌓아온 깊이)이 있기에, 한자 문화권에서는 명필가(名筆家)를 존중하는 전통이 있다고 합니다. 서예는 오랫동안 연마해야 하는 것으로서 인내와 집중력이 필요합니다. 어떤 경지에 오르기 위해서는 벼루 여러 개가 닳고 뚫어지도록 경전과 저술을 공부해야 합니다. 이런 것이 바로 글씨가 보여주는 내공이라고 할 수 있을 겁니다.

해마다 봄이 되면 많은 사람이 내거는 입춘대길(立春大吉)과 건양다경(建陽多慶). 봄의 길목에서 유명 서예가가 써준 이런 멋진 휘호를 하나 받으면 기분이 좋아집니다. 지금이야 문서 대부분을 한글 워드와 MS문서를 사용하여 처리하지만, 주고받는 편지와 문서를 더러는 수기로 처리하는 모습은 편안하고 정겹게 느껴집니다. 그래서 개인적으로는 시간이 갈수록 서예에 관심이 가고, 개성 있는 문체에서 나오는 독특함과 창의성에 눈길이 갑니다.

속도를 우선시하다 보니 언제부터인가 글씨가 흐트러지고 정체성을 잃은 것 같습니다. 어려서는 글씨가 괜찮다는 얘기를 들었던 것 같은데, 외국어를 익히면서부터는 한글과 한자로부터 마음이 멀어지고, 우리말을 대하는 데도 소홀함이 있었던 것 같습니다. 이제 그런 마음을 글씨로부터 다잡아 볼까 합니다.

신언서판(身言書判). 행동, 말, 글, 그리고 판단력. 이 중에서 서(書)는 한 존재의 내공을 보여주는 귀중한 요소로서, 한 존재를 총체적으로 가늠할 수 있는 축적된 세계라고 할 수 있습니다.

3.
도시, 꿈을 꾸다

꿈꾸는 자는 누구일까요? 사람만이 아니라, 한 사회도 꿈을 꾸며, 또 사람들이 모인 도시가 사람에게 꿈을 꾸게 합니다. 최근에 공간에 관한 연구가 부쩍 늘어나고 있는데 '도시학' 또는 '도시 인문학' 등 다양하게 소개되고 있습니다. 이는 도시가 인간의 삶을 어떻게 담아내고, 또 인간은 꿈을 어떻게 도시에 투영해왔는가에 관한 연구입니다.

현대 도시는 자본과 권력에 의해 만들어지고 있다는 것이 많은 도시계획가, 도시비판론자들의 공통된 의견입니다. 그래서 우리는 고대의 도시와 중세 도시, 그리고 나아가 근대 도시들이 어떻게 변해왔는가를 관찰함으로써 의미 있는 도시 변화를 추구할 수 있으리라 봅니다.

저는 오늘 꿈을 꾸는 주체가 사람만이 아니라 도시 또한 꿈을 꾼다는 점에서 사람과 도시의 관계를 살펴보려 합니다. 양자의 관계는 사람이 도시를 바꾸는 것인지 아니면 도시가 사람을 바꾸는 것인지, 그도 아니라면 양자가 서로에게 영향을 주는 것인지에 등에 관해 다양한 시각에서 생각해 볼 수 있을 것입니다.

약 140년 전에 미국과 영국을 오가며 소설을 쓴 헨리 제임스(Henry James, 1843~1916)는 국제화라는 화두를 늘 염두에 두었습니다. 덕분에 그는 자신이 태어난 미국에선 미국 소설가로, 또 인생 후반을 살았던 영국에선 영국 작가로, 양국에서 서로 잡아당기는 묘한(행복한) 처지에 놓이게 되었습니다. 여러 도시를 비교하면서 성찰한 결과로 제임스는 국경을 넘어선 '국제인'이라는 주제를 늘 자기 작품의 주제로 설정하게 되었습니다. 또 얼마 전 타계한 실천적 지식인 에드워드 사이드(Edward Said, 1935~2003)는 "세상 모든 것을 낯설게 볼 수 있을 때 진정한 세계인이 될 수 있다."라고 하였습니다. 이 말은 낯선 곳을 찾아가고 방문할 때만이 아니라, 자기 주변의 것을 새롭게 볼 수 있는 시각, 열린 시각을 의미하는 것으로 볼 수 있습니다.

언젠가 저도 남녘의 한 도시를 지나게 되었습니다. '광한루'라는 이름으로 우리에게 기억되고 있는 곳이기 때문에 한국 사람이라면 '지조' '정절'이란 단어를 떠올리고, 역사 속에서 이도령과 성춘향의 만남으로 기억하고 있는 곳입니다. 현대화의 물결 속에 많은 도시가 몰라보게 발전하고 있지만, 이곳은 지금 인구감소, 노령화 등의 문제를 안고 있기에, 도심 재생과 문화 활성화를 계획하고 있습니다.

이곳에는 자전거를 이용하는 사람들이 무척 많습니다. 걸으면서 동네 구석구석을 눈에 담고, 마을의 일상사를 느낄 수 있는 것은 참 정겨운 광경이지요. 이반 일리히 (Ivan Illich, 1926~2002)는 『행복은 자전거를 타고 온다』라는 저서를 통해 행복의 의미를 정의한 적도 있기에 이러한 정경(情景)은 저에게 커다란 친근감과 행복감을 주었습니다. 길을 물을 때면 마을 사람이 친절하게 안내해주고, 동네 주민들의 일상에서는 소도시의 정겨움과 인간미가 물씬 풍깁니다. 우리 주변에서 근대 소도시의 따뜻함과 정겨움을 간직한 곳이 많지 않은데, 이곳에 정겹게 사는 모습이 이렇게 남아있다는 것은 참으로 다행스러운 일이라고 할 것입니다.

최근 도심 재생사업과 마을공동체 활성화와 더불어 이 도시가 꿈꾸고 있는 사업이 있습니다. 문화도시로 태어날 꿈을 꾸며 여러 문화. 예술 사업을 추진하고 있습니다. 그중 약 1km에 이르는 길을 문화의 거리로 바꾸기 위해 상점이며 도로며 간판을 교체하는 작업을 진행하여 그런대로 색깔 있고 개성 있는 거리로 바꾸어놓았습니다. 그러나 몇십 억의 돈을 퍼부으며 추진한 사업이라고 보기에는 아쉬움이 컸습니다.

도시는 꿈꿉니다. 화려하기보다는 소박하더라도 사람의 숨결과 생명을 전하고 싶은, 그런 꿈을 꾸고 싶어 하지 않을까요. 도시는 갈망하나 그 꿈을 저해하는 요인은 사

61

실 내부에 있습니다. 광한루에서 이도령을 기다렸던 춘향은 의리와 지조의 삶으로 행복을 얻게 되었다고 할 수 있으나, 제가 접했던 이 도시에서 잔뼈가 굵은 사람들과 재생사업 추진자들은 "내가 이 도시를 제일 잘 안다."라며 도시를 움켜잡은 듯한 인상을 주었습니다. 작은 소도시일수록 변화의 필요성을 크게 느끼면서도, 넓은 세상에 대한 인식과 열린 마음이 부족해서 변화가 어려울 수 있습니다. 그(그녀)가 이 도시 밖으로 나가본 적이 있는지는 모르겠습니다만…. 그래서 한 개인의 경우에도 변화를 방해하는 가장 큰 요인은 자신의 아집과 집착이듯이, 도시의 경우에도 전통과 관습, 외지인을 배척하는 그들만의 풍토(토박이의 텃세) 등 발전을 저해하는 결정적인 요소는 내부에 존재한다고 생각합니다.

도시는 사람보다도 더 큰 꿈을 꿉니다. 멋지게 달라지고 싶은 꿈 말이지요. 그러기 위해서 어느 도시를 막론하고 도시를 발전시킬 여건들-성숙한 시민의식, 변화에 대한 열망과 참여, 열린 시각과 마음- 이런 것들을 도시민들은 부단히 제공해주어야 할 것입니다.

이 도시에서 만난 모든 것-근대적 거리의 모습과 풍경, 오염되지 않은 자연환경, 걷거나 자전거를 타는 것이 일상이 되는 모습, 이웃의 일상을 들여다보고 덕담과 익살스러운 농담을 건넬 수 있는 정(情), 현대적인 감각의 커피숍이 아직은 낯설어 망설여지는 곳, 걷다가 지칠 때 막걸리를 한잔 기울이고 싶은 생각이 드는 작은 길, 흔해 보이지 않는 젊은이들이 더 귀해 보이고 생기 있어 보이는 거리, 장이 열리는 날 모여드는 온갖 낯익은 물건들, 또는 낯설고 새로운 것을 들여다볼 수 있는 풍경(지금은 주위에서 쉽게 접할 수 없는 것)을 보고, 느끼고, 생각할 수 있는 시간과 공간이어서 이 도시의 모습은 더욱 정겹게 다가왔습니다.

이런 살가운 도시가 전통에 현대의 옷을 입고서 멋지고 행복한 도시로 발돋움하기를 기대해봅니다. 오래전 외국의 한 작은 마을에서 조용히 밤길을 걸으며 느꼈던 포근하고 아늑한 정서를 이 도시가 간직하길 바라면서도, 일리히가 자전거를 타면 행복이 온다고 했던 그 정서를 이 도시가 간직하길 바라면서도, 인식의 변화와 타자와의 공존에 대한 열린 마음으로 도시가 변화를 꾀할 수 있기를 기대해봅니다. 도시가 꾸는 꿈을 통해, 사람들이 이곳에서 '하늘의 별이 우리를 인도하던 그 시대'를 만날 수 있기를 기대해봅니다.

4

사람을 끄는 도시

사람을 끄는 도시(1)

사람을 끌어당기는 사람이 있다. 마찬가지로 사람을 끌어당기는 도시가 있다. 무엇이 사람을 끄는 것일까? 사람을 끌어모으는 요소는 무엇일까? 여러 요소 가운데 가장 핵심적인 것이 사람이 아닐까 싶다. 도시의 구성을 탁월하게 분석해낸 윌리엄 화이트(William Whyte)는 '사람이 사람을 끄는 힘'에 주목한다.

사람이 사람을 끄는 힘은 공공장소뿐 아니라 마을과 도시를 통해 사회공동체를 형성해내며, 이러한 경제, 사회, 문화 의존성으로 말미암아 '세계도시'가 창조된다. 세계적인 도시가 되면 고밀도 공간에 세계적인 기업이 들어서고, 경제적 의존성으로 인한 파생 네트워크가 발전함으로써 새 기업이 계속 늘어나게 된다. 이러한 경제, 사회적 요인만이 아니라, 사람에게는 사람을 찾는 본능이 내재해있다.

인간은 어둠 속에서 공포와 불안을 느낀다. 따라서 본능적으로 타자에 의존하는 심리를 가지며 사람을 찾게 되어있다. 다른 존재는 심리적 안정감을 주게 된다. 따라서 밤길은 사람을 사람이 많은 곳으로 인도한다. 반면에 한낮의 길은 호기심을 통해 사람을 끌어모은다. 사람이 많은 곳에는 어떤 이슈가 있고 호기심을 발동시킨다. 따라서 어느 곳에 사람이 모여들면 그곳은 화제의 대상이 되어 점점 매력을 발산한다.

하지만 이런 과정에서 주목할 점이 있다. 밀도가 높아지면 그 장소는 여러 면에서 열악해진다는 점이다. 따라서 '채움과 비움의 미학'을 잘 구현해야 한다. 이는 도시설계 또는 도시발전에 있어 매우 중요한 일이다. 채움과 비움의 미학은 도시설계자의 몫일 수도 도시정책 입안자의 몫일 수도 있겠으나, 그 영향은 거주자(원주민) 또는 방문자(관광객)에게 고스란히 돌아간다.

도시설계자는 사람이 모여들고 북적거리며 혼잡하게 되는 곳을 비움의 미학으로 숨통을 터줌으로써 마음과 몸이 여유를 가질 공간을 제공해야 한다. 사람이나 도시나 마찬가지인 셈이다. 따라서 공간 미학은 사람과 건물이 교차하는 곳을 중요시하고, 사람들이 모여드는 장소를 치밀하게 계획하여 도시 공간에 부족한 공공장소를 많이 만들어야 한다고 도시설계가들은 조언한다. 곧 사람이 많이 모이는 곳에는 비어있는 공터를 제공함으로써 숨을 트이게 하고 양질의 여유 공간을 공급하는 것이다. 이외에도 사람을 끄는, 작지만 결코 작지 않은 것들을 생각해 볼 수 있다.

사람을 끄는 도시 (2)

도시 공간이 사람을 끌어모으는 것은 매우 흥미롭다. 그런데 다른 소소한 요소들로 인해 사람들은 또 도시의 매력에 빠져든다. 이른바 살아있는 유기체적 요인이다. 여기에는 거리의 풍경, 길거리의 이벤트, 노점상의 먹을거리, 거리를 장식하는 진열장, 거주민과 관람객의 움직임, 음식점, 잡화점, 놀이터 등 다양한 구성 요소들이 존재한다.

현대 도시계획의 방향을 제시한 제인 제이콥스(Jane Jacobs)는 20세기 근대도시계획의 비인간성, 몰개성, 기능중심의 도시 만들기를 비판하였다. '도시재생의 도시 만들기 비전'을 제시하며 그녀가 제안한 세 가지 요소는 '지역성, 공간적 특성, 그리고 다양한 주체의 참여와 창의성에 기초한 도시의 변화와 생성의 프로세스'였다. 이런 관점에서 그녀는 다양한 인종과 계층이 어우러진 다양성이 도시를 생기 있게 해주는 중요한 요소임을 파악하였다. 거대하고 화려한 거리가 아니더라도, 조그만 동네, 오래된 건물들, 사람들로 북적이는 거리 같은 것이야말로 도시를 살아있게 한다는 것이다.

『도시를 이해하는 100가지 코드』의 앤 미콜라이트(Anne Mikoeit)는 작은 상점들이 거리의 활력소가 되며, 또 진열장은 상품을 전시할 뿐만 아니라 거울의 역할을 함으로써 거리 풍경에 시각적인 깊이를 더해준다고 말한다. 사람들은 진열장을 거울삼아 자신의 모습을 보게 된다는 것이다. 그 외에 산책 나온 동네 사람들, 거리의 움직임, 관람객이 쉬어갈 벤치 등의 작은 요소들이 도시의 볼거리를 제공하는 요인이 된다.

거리 풍경에 있어서 빼놓을 수 없는 것이 먹을거리다. 음식에는 사람을 끌어당기는 마력이 있는데, 노점상들을 바라보는 윌리엄 화이트(William Whyte)의 관찰은 예리하다. 그는 노점상들이 음식을 제공할 뿐만 아니라, 매우 정교하고 교묘한 마케팅 전략을 구사한다고 밝힌다. 예를 들어 노점상의 우산과 파라솔, 그리고 화려한 로고는 사람들의 시선을 사로잡기에 그만이다. 그것에 더하여 기막힌 음식 냄새로 보행자들의 후각을 자극하며, 리드미컬한 음악 소리로 보행자의 지루함을 달래준다.

보행자의 심리를 알기 위해서 2012년에 콜린 엘러드(Colin Ellard)가 뉴욕에서 진행한 연구는 시사하는 바가 크다. 미국, 영국, 캐나다 등에 고급 슈퍼마켓 가맹점을 가지고 있는 홀푸드마켓(Whole Foods Market)이 뉴욕 로우 이스트사이드(Low East Side)의 바워리 지구(Bowery District)에 대형 매장을 지었다. 엘러드는 다양한 집들과 작은 바, 음식점, 식료품 잡화점, 작은 공원, 놀이터가 있던 이 동네에 뜬금없이 들어선 대형 고층 건물이 보행자들의 심리에 어떤 영향을 끼치는지에 관한 연구를 진행했다.

그는 일단의 관람객을 이끌고 도심을 걸었는데, 사람들은 홀푸드마켓 앞에서 매우 어색해하며, 관심 둘 곳과 이야깃거리를 찾아 주변을 두리번거렸다. 그들은 그곳에 있는 자신들의 정서 상태를 행복과는 반대되는 상태로 평가했고, 그들의 각성상태는 다른 어떤 장소에서 본 것보다 바닥에 가까운 수준으로 나타났다고 한다. 그들은 매우 지루하고 불안해했으며, 그때의 상황을 '재미없음, 단조로움, 열정 없는' 등의 단어로 표현했다고 한다.

반면 그곳에서 한 블록 떨어진 사람들 무리는 '뒤섞인, 활기찬, 분주한, 먹는, 사교적인' 등의 표현을 사용했다고 한다. 이 연구를 통해 엘러드는 사람들은 건물의 전면이 활짝 열려있는 활기찬 도시 풍경에서 걸어 다니고 싶어 할 뿐 아니라, 이런 곳에서는 행동 유형 또한 달라진다고 분석했다.

공공장소에서의 행동 관찰전문가인 얀 겔(Jan Gehl)은, "사람들은 단조로운 건물 앞에서는 걸음을 멈추거나 고개를 돌리지 않는다. 빨리 재미있는 거리가 나오기를 바라면서 그저 묵묵히 재미없고 단조로운 거리를 서둘러 빠져나갈 뿐이다."라고 말한다. 그러면서 "좋은 도시의 거리는 평

범한 보행자가 시속 약 5km로 이동하면서 약 5초에 한 번꼴로 흥미로운 새로운 장소를 볼 수 있도록 설계해야 한다."라고 주장한다. 결국, 홀푸드마켓이나 곳곳에 있는 은행, 법원 청사, 비즈니스 타워 같은 대형 일체형 건물 앞에서는 보행자가 흥미로운 장면을 볼 수 없다는 것이다.

한국의 경우, 화려하거나 현대적이지 않은 골목길이 아직 곳곳에 있다. 과거 삶의 공간이었던 골목길은 남의 것이 아닌 내 것 같은 친근함을 주고, 잠시나마 머물고 싶은 편안함으로 인해 요즘 문화적 재산으로 다시 태어나고 있다. 골목길은 삶의 복잡다단한 감정과 희로애락을 담고 있으며, 어린 시절의 기억, 즐거움, 그리운 향수를 불러일으킴으로 인해, 걷고 싶은 도시를 떠올리는 사람들에겐 왠지 자꾸만 끌리는 곳이다. 따라서 사람을 끄는 도시에 있어서, 골목길은 시작이자 끝이 될 수 있으며, 또 친근함과 편안함을 통해 '완성의 미학'이 되어줄 수 있다.

도시의 완성을 위해 도시설계자는 도시의 원활한 기능, 즉 안전을 비롯해 도심 교통망, 심미적 외관, 공중보건과 보행 친화성에 관심을 둔다. 그러나 이러한 단순한 기능적 목표 외에도, 도시설계가 보행자의 심리 상태에 어떻게 영향을 끼침으로써 '사람을 끄는 도시'가 될 수 있겠는가에 또한 관심을 둬야 할 것이다. 이런 점에서 엘러드는 좋지 않은 도시설계의 위험은, "걷고 싶은 마음이 없는 사람들이 몰고 나온 차들과 또 카페에서 커피 한잔 즐기지 못하는 보행자로 가득한 우울한 거리에만 있는 것이 아니다. 더 중요하게는, 거대한 도시의 많은 사람에게 권태가 급속히 퍼지는 데 있다."라고 밝힌다. 그의 '도시론'을 생각하며, 앞으로 우리의 도시가 다양한 볼거리와 창의적 아이디어로 더 많은 사람의 관심과 사랑을 받기를 기대한다.

5.

기억하고 싶은 이름

어느 날 특별하게 다가온 이름, 그레타 툰베리(Greta Thunberg)! 작지만 용기 있고 대견한 이름, 툰베리. 그녀가 특별한 이유는 '지구를 살리기 위해' 수업을 거부했기 때문이다. 내 유년 시절을 돌아보니, 학교 가라면 가고, 무얼 하지 말라면 철저하게 따르는 말 그대로의 모범생이었다. 그런데도 오랫동안 기억나는 한 가지 일이 있다.

여름이면 방역 차가 동네 곳곳을 누볐다. 초등학교에 입학한 지 얼마 안 되었을 때다. 학교에서 돌아온 외동아들을 어머니가 정성스레 씻겨놓으셨다. 나른한 오후 햇살을 만끽하며 동네 아이들을 만난 나는 도로 끝에서 흰 구름을 연실 피워 올리며 다가오는 조그만 차를 주시했다. 일명 '모기 차'였다. 방역 차를 잽싸게 따라붙은 우리 일행은 동화 속 구름 위를 훨훨 날아다니며 언덕을 오르내렸다.

지칠 대로 지친 몸을 이끌고 동네로 들어서던 내게 저 승사자처럼 눈을 부릅뜨고 계시던 어머니가 보였다. 매에게 낚아채듯 이끌려가서 그날은 필시 별이 몇 개 떴다가 사라졌을 것이다. 깨끗이 씻겨놓았더니, 그 독한 모기약을 내뿜는 방역 차로 뛰어들어 기름을 온통 뒤집어쓴 그 심보를 도저히 이해하기 어려우셨을 것이다. 그날은 검푸른 눈두덩으로 인해 흑백 티브이(TV)가 가뜩이나 검게 보였을 것이다.

어머니의 그 매서운 손길이 그리운 지금에서 그 철없던 짓을 생각하면, 요즘 아이들의 성숙한 생각과 툰베리의 의젓한 행동이 대견할 수밖에 없다. 고교생이 되면 대학진학을 위해 죽어라 암기를 했던 그때 비하면, 십팔 세의 소녀가 몸과 마음으로 보여주는 특별한 행동은 얼마나 값진 것인가. '지구 때문에 수업을 거부한다'고 하니.

지구 온도는 지난 만 년 동안 4도쯤 상승했는데, 근 100년 동안엔 1.1도 상승했다고 한다. 과학자들은 지구 온도가 2도만 올라가도 살 수 없는 환경이 될 것이라 경고한다. 지구의 105,000 생물 종 가운데, 온도가 1.5도 오르면 곤충 6%, 식물 8%, 척추동물 4%가 서식지 절반을 잃지만, 2도 오를 때는 각각 18%, 16%, 8%로 2배 이상 늘어난다고 한다. 북극해의 해빙(海氷) 또한 녹아서 사라질 확률이 10년에 한 번이라고 한다.

이 같은 분석은 지구가 처한 상황이 매우 엄중함을 알려준다. 이를 일깨우는 어린 그녀의 행동은 지구 온난화가 남의 일이 아님을 보여준다. 먼 미래의 일이 아님을 일깨운다. 당장 나만 살면 된다는 이기적인 삶이 아니라, 우리 후대가 그리고 그 후대의 후손이 지구라는 별에 영원히 살아야 할 절체절명의 과제다. 행하지 않으면 지구가 회복될 수 없는 당위적이고 긴급한 시민 행동이며, 잠든 영혼을 일깨우는 준엄한 채찍이다.

툰베리가 시작한 작지만, 용기 있는 수업 거부 행동(Fridays for Future)은 스웨덴 고교생들로부터 시작해 현재 전 지구적 관심과 동참을 끌어내고 있다. 지구 온난화가 가져오는 위기에 무감각한 현대인에게, 그런 위기를 애써 눈감고 방조하는 정치계와 기업인에게, 작고 용기 있는 행동을 통해 각성과 동참을 요청하는 특별한 이름. 그 이름을 기억하려 한다. 그레타 툰베리!

6

스웨덴 정치를 보고 싶은 이유

최근 한반도 비핵화와 남북정상회담으로 시작된 평화구축, 북미회담 등의 이슈는 한국뿐 아니라 전 세계의 중요한 관심사였다. 이 모두가 거대 담론이다 보니 지난 6·13 지방선거에도 적지 않은 영향을 끼친 것으로 생각된다. 민심의 향방을 알게 되었으니, 이제 앞으로의 의회정치를 통해 국민과 시민을 위한 실효성 있는 정책과 정치를 펼치길 기대한다.

필자는 2018년 1월 '스웨덴 의회정치'를 특집으로 다룬 한 방송의 다큐멘터리를 보고 매우 큰 감동과 충격을 받았는데, 이번 6·13 기초선거를 돌아보면서 앞으로 한국 의회정치의 방향과 지향점을 짚어보고자 한다.

2018년 1월 9일의 늦은 밤에 채널을 이리저리 돌리다 스웨덴 정치를 소개하는 이 다큐멘터리를 만난 것은 행운이었다. 이를 통해 참 정치를 구현하는 정치 지도자와 그 수혜자들을 볼 수 있었기 때문이다.

한 스웨덴 여성 기초의원이 소개되었는데. 그녀는 40km 이상 떨어진 지방에서 오는 의원에게 제공되는 2~3평 공간의 숙소에 머물고 있었다. 스무 살 때부터 시민활동과 지역의회 활동을 해왔으며, 현재 5선의 국회의원으로 활동하고 있는 그녀는 4년간 683개 법안을 발의했다고 한다. 이틀에 한 번 정도 입안한 셈이다. 두 아이와 남편을 둔 여성으로서 주말에 4시간 떨어진 가족의 품으로 향할 때, 공항까지는 버스와 기차 등 대중교통을 이용하고, 항공편은 가장 저렴한 이코노미석을 이용한다고 한다.

이번에는 국방장관과 국회의장을 역임한 한 중진의원이 소개되었다. 그는 스웨덴 의회 대표단으로 한국의 국회를 방문하기도 했었는데 귀국 후 한국 방문 때 대접받은 경비를 그의 출장비에서 다 제외했다고 한다. 스웨덴 의원의 출장비는 하루 6만 원가량으로 그는 한국 출장 5일에 대한 경비로 28만을 받았다고 하니, 특별 활동비를 쌈짓돈처럼 쓰는 한국의 경우와는 대조적이다. 일상에서 그는 백팩을 메고 커피숍에 들리며, 동행자 없이 거리를 활보하고, 버스를 기다리면서는 국민의 불평과 일상적 얘기를 듣는다. 그는 "계층 간에 차이가 있는 것은 정의롭지 않다."면서 누구보다도 일반 국민 속에서 국민을 위해 정치에 헌신, 봉사해왔다고 한다.

좀 더 본격적으로 정치에 임하는 양국 국회의원의 마음가짐과 정치 시스템을 비교해보면, 스웨덴 의원들은 "국회의원은 봉사하는 자리이지 특권을 누리는 자리가 아니다."라고 생각한다. 따라서 그 누구도 국민과 국가를 위해서 일한다고 거창하게 말하지 않는다고 한다. 그저 공공의 안녕과 행복을 위해 더 나을 것도 없는 자리에서 성실하게 일을 수행한다는 것이다. 반면 한국의 경우에는, 경제가 어려울 때도 의원 세비를 올리고, 선거 때면 유불리를 면밀히 따져 철새처럼 이합집산하며, 특혜를 많이 받으면서도 자신들의 권리를 위한 법안은 우선적으로 발의하며, 선거 때마다 '국민을 위해서'라는 거창한 말로 현란한 수사를 하는 의원들의 모습을 자주 목격하게 된다. 무엇보다 주목할 것은 스웨덴에서는 의원의 사용 경비를 투명하게 운용, 공개하며 영구보존한다는 점이다. 이러한 객관적이고 합리적인 정치 시스템이 의원들을 국민에게 봉사하는 깨끗하고 검소한 공복으로 만든 바탕이 되었을 것이다.

2012년 대선 때에 여야는 모두 기초선거 정당공천제 폐지를 약속했었다. 지방자치에서 정당추천을 배제하면 정치색을 줄이고 정쟁 요소를 줄일 수 있다고 판단했기 때문일 것이다. 그러나 이러한 약속은 지켜지지 않고 있다. 정당공천은 정당의 틀을 바탕으로 책임정치를 구현하고 민의를 수렴할 수 있는 장점이 있으나, 중앙정치가 기초자치단체장과 지방의원을 통제 및 관리하는 수단이 되고 있다. 기초의원들과 자치단체장은 지역민과 유권자를 위한 참 정치와 생활정치를 해야 함에도, 지역구 국회의원과 소속 중앙당을 더 신경 쓸 수밖에 없다.

가끔씩 터져 나오는 '공천헌금'이라든가, 기초의원들의 지역구 국회의원에 대한 주종 관계, 그리고 지자체 의원에 대한 국회의원의 공천권 행사 등은 풀뿌리 민주주의와 진정한 생활정치를 어렵게 한다. 따라서 진정한 의미의 지방자치를 구현하고 국민을 위한 의회정치가 되려면, 우선 기초선거부터라도 정당공천을 폐지해야 할 것이다. 지방의원이 중앙당을 바라보며 이를 중심에 두지 않도록, 미리 준비해서 다음 선거부터라도 정당공천을 폐지해야만 여야의 선거공학에서 자유로운 참 풀뿌리 의회정치가 정착할 수 있을 것이다.

궁극적으로는 한국의 중앙 의회도 소속 정당의 이익과 정책을 앞세우기 전에 의원 개개인이 소신을 갖고 국민에 겸허히 봉사하는 자리가 되어야 한다. 이를 위해선 제도적 개선과 더불어 의원 지망자의 특권의식을 배제한 봉사의 자세가 절실하다.

첫 방송이 나간 후 약 6개월이 지나 그때의 내용을 돌아보면서 "왜 한국에서 스웨덴의 정치를 보고 싶은가?"라고 묻는다면, '섬기고 봉사하는 참 정치의 모습' 때문이라고 단언하겠다. '힘쓰고 채우는 자리'를 탐하는 우리의 현실을 감안할 때, '섬기고 봉사하는' 정치인의 모습은 신선할 수밖에 없다. 이것이 스웨덴 의정을 우리의 롤 모델로 바라보는 이유이다.

7.

도시재생과 골목길의 존재 방식

골목길은 늘 그곳에 있다. 세월이 흘러서도 여전히 옛 모습을 간직한 골목길을 만나면 무척이나 반갑고 신기하지만, 없어진 골목길은 아련한 기억으로 존재한다. 그러나 골목길이 시공을 넘어서 존재하는 이유는 추억과 그리움을 담보하기 때문이며, 또 삶이 깃든 곳이기 때문이다. 골목길은 구불구불하고 느리기는 하지만 미로(迷路)를 통해 어디론가 나아가는 길이었다.

신작로라는 새로 난 큰길을 놔두고 왠지 골목길에 들어서면 마음이 편해져서 다람쥐처럼 골목을 오가던 기억이 있다. 친구들과 함께 오가거나 혼자서 이 생각 저 생각 하며 오가던 길이다. 골목길은 어느 누구의 통행도 막지 않지만, 때론 담벼락 위에 가시철망을 두르거나 깨진

병 조각을 꽂고서 이방인에 대한 경계를 드러내기도 했다. 이런 양면의 얼굴이 쉽게 접근을 허락하지는 않았지만, 골목길은 분명 여러 다양한 삶에 이르는 공유의 길이었다.

그런 골목길에 최근 사람들이 몰려든다. 도시재생과 도시재개발에 따른 골목길의 부활인 셈이다. 골목길을 살리거나 골목길을 브랜드로 내건 관광지들이 각광받고 있다. 부산 감천마을, 영도 흰여울 문화마을이 관광객의 발길을 끌고, 동해 논골동 벽화마을에선 골목놀이를 통해 아이들이 숨 쉬고 꿈꾸는 공간을 되찾고 있다. 또 서울에서는 홍대, 가로수길, 이태원 등지의 골목 인프라가 문화환경과 결합해 골목상권을 형성하고 지역 경제를 활성화하는 데 기여하고 있다.

골목길의 부활은 연남동, 상수동, 합정동의 골목상권을 확산시켰으며, 이제 만리동, 서계동, 청파동, 중림동에서 현재의 삶을 이어가고, 서울역 고가공원을 살릴 수 있는 '경제의 길'로도 잠재적 가치를 인정받는다. 계절이 바뀌면 새 옷으로 갈아입듯이, 골목길이 세월에 바란 헌 옷을 벗고 세련된 옷으로 치장하면서 변신하고 있다.

책을 읽다 보니 골목길을 마치 살아있는 유기체처럼 비유하는 멋진 문장을 만났다. "좋아하는 골목길의 단골집이 손님이 없어 문을 닫으면 안타깝지만 그런 집이 더 큰 성공을 찾아 다른 동네로 이전하면 배신감이 들 때가 있다. 장소가 가진 역사성과 공동체 정신을 무시한 도시 개발로 골목이 사라지는 것이 슬프고, 상업적으로 성공한 골목상권이 이제는 나와 어울릴 수 없는 곳이 되었을 때 마음 한편이 허전하다."(모종린, 『골목길 자본론』 28쪽). 골목 길에 대한 안타까움, 배신감, 슬픔, 허전함, 상실감을 함축한 멋진 표현이다. 골목길은 이처럼 복잡다단한 우리의 감정을 담고 있다.

골목길은 곡선을 근간으로 한다. "굽은 길은 당나귀의 길이며, 곧은길은 사람의 길이다."라고 했던 르코르뷔지에의 통찰을 접하는 순간 나는 무릎을 치고 말았다. 그는 사람은 목적이 있어서 똑바로 걸으며, 목적지를 향해 가장 효율적인 길을 택한다고 했다. 반면 당나귀는 틈틈이 시간을 훔치면서, 그늘을 찾아서 어기적거리고, 힘들게 하는 장애물과 비탈을 피해 갈지자를 그리며 간다는 것이다. 따라서 곧은길은 활동적이며 자제력을 갖지만, 굽은 길은 느슨함, 느긋함, 회피, 안도, 휴식을 함축한다. 르코르뷔지에는 "주택, 거리, 도시는 인간이 일에 몰두하는 곳이다. 그곳은 질서정연해야 한다."라고 말하면서, "직각은 일하는 데 필요충분조건을 갖춘 도구다. 완벽한 엄밀성으로 공간을 정하는 데 쓰인다."라고 직선을 정의한다. 이런 특성들이 반영된 도시 속에서 경쟁과 업무에 지친 현대인은 알게 모르게 골목길을 찾게 되는 것이다.

곡선 친화적인 중세의 장방형 도시는 도시 확장에는 한계가 있었지만, 도시공동체의 삶을 자연 친화적이고 인간의 체취를 온전히 담은 도시로 유지할 수 있었을 것으로 생각된다. 세계화 시대에 나는 아직 유럽에 발 딛지 않은 말하자면 반쪽짜리 세계인이라고 할 수 있다. 유럽 경험이 전혀 없는 나로서는 책에서 본 어느 유명한 골목길, 중세거리, 고대 유적지 등을 보면서 그곳의 역사와 문화를 느낀다. 그래서 언젠가는 중세 도시 체스키크룸로프(Cesky Krumlov)와 과거와 현재가 공존하는 그라츠(Graz), 그리고 전통과 현대가 조화를 이루는 가나자와(Kanazawa) 등을 걸으며, 그곳 사람들이 어떻게 골목을 재생하고, 걷고 싶은 마을을 만들기 위해 어떻게 곡선의 미학을 활용했는가를 보고 싶다.

골목길은 우리 삶의 복잡다단한 감정과 희로애락을 담기에, 골목길을 지키기 위한 어떤 시도도 달갑게 느껴진다. 골목길은 여전히 우리에게 유효한 삶의 지표이며 상수(常數)이기 때문이다. 골목길은 분명 걷고 싶은 도시 안에 내재하므로, 골목길의 기억, 즐거움, 그리움 그리고 사라짐을 최소화하기 위한 노력이 필요하다. 화려하거나 현대적이지 않아도 골목길은 선대의 삶의 공간이었으며, 남의 것이 아닌 내 것 같은 친근함을 주고, 잠시나마 머물고 싶은 편안함이 있으며, 하늘을 찌르는 웅장함이 아닌 인간적인 겸손함이 있다. 그래서 걷고 싶은 도시를 떠올리는 사람들에겐 왠지 자꾸만 끌리는 곳이다. 다른 관점에서 볼 때 걷고 싶은 도시에 있어서 골목길은 시작이자 끝이 될 수 있으며, 또 친근함과 편안함을 통해 '완성의 미학'이 되어줄 수 있다.

현대문화에서 골목길은 한유(閑遊)의 존재다. 한유에 관해 탁월한 식견을 보여주는 롤랑 바르트(Roland Barthes)는 교실의 뒷자리에 아무 말 없이 자리를 지키는 열등아를 한유(laziness, idleness)의 존재라고 말한다. 아무도 애정을 갖거나 관심을 주지 않는 학급의 꼴찌들. 적극적으로 수업에 참여하지 않지만, 교실에서 완전히 배제되지도 않는 그들은 묵묵히 자리를 지키며 '무존재의 존재'로서 교실 안에 있다. 현대문화와 현대의 삶에 있어서 골목길도 그와 같은 존재일 것이다.

경쟁에 찌든 현대인들이 살아나기 위해서는 몸과 마음의 여유가 필요하다. 바르트는 바로 꼴찌의 한유에서 그 가치를 발견한다. 꼴찌들은 양지를 떠받치는 음지처럼, 묵묵히 상위존재를 떠받쳐주고 한 단위체의 구성원으로서의 충실한 역할을 한다. 경쟁이 아닌 '구성의 가치'로서 교실을 존재케 한다. 마찬가지로 골목길은 현대문화의 중심에서 벗어나 있으며, 빛바랜 시간과 공간으로 관심에서 멀어졌으나, 변함없이 우리 삶의 한 부분으로서 공동체로서의 삶을 담보해왔다. 느리지만 여유로운 삶을 담고, 화려한 거리를 불평하지도 않으면서 묵묵히 공동체를 떠받쳐왔다. 바쁜 현대인들이 이런 골목길을 걷는 것은 한유의 시간을 갖는 것이다. 몸과 마음이 여유를 찾고 치유를 받는 길이 되는 것이다.

골목길이 변하고 있다. 새로운 골목길을 통해 과거와 현재가 공존하고, 골목길의 곡선으로부터 직선으로 이어지는 길을 통해 자연과 인간이 소통하며, 골목길이 담보한 공동체 의식을 통해 소외된 현대인이 소통과 상생의 마인드를 회복하기를 기대한다. 자본과 권력이 점령한 도시 속에 둥지를 튼 현대인들이 이 길 위에서 물질주의와 상업자본주의로부터 따뜻함, 겸손함, 인류애를 회복하는 길로 나가게 되기를 희망해본다. 최근의 도시계획과 도시발전의 대세인 도시재생은 지속 가능한 인간의 삶을 전제로 한다. 도시재생은 인간의 길이어야 한다. 그리고 인간이 가는 길이어야 한다. 그러므로 골목길의 존재 방식은 곧 인간의 존재 방식이 되는 것이다.

8

놀람, 울림 그리고
'욕망'이라는 전차

'욕망'이라는 전차가 곳곳을 돌아다닌다. 시대에 따라 시류에 따라, 욕망이라는 전차도 그 외양과 속성을 바꾸고 진화하면서 주변을 배회한다.

욕망과 전차라는 단어를 접하니 오래전에 읽었던 테네시 윌리엄스(Tennessee Williams)의 '욕망이라는 이름의 전차'를 떠올리게 된다. 급격히 변하는 현대의 삶에서, 작품의 여주인공 블랑시가 가슴에 간직했던 그런 '낭만'과 '낭만의 시대'는 영원히 손닿을 수 없는 하나의 꿈이 돼갈 수밖에 없을 것이다.

현대 삶의 바탕을 이루는 것은 무엇보다도 재화. '돈'이 주는 무게가 예사롭지 않아서, 누구도 이를 초월하거나 무시하거나 가볍게 볼 수 없는 것이 사실이다. 그런데 단위가 기하급수적으로 커지니, 돈이라는 것이 생경하게 느껴지고 돈에 대한 감각이 무뎌진다.

최근 뉴스를 접하니, 서거한 국내 굴지의 기업 총수 유산이 26조 원이고, 이에 대한 세금이 무려 12조 원에 달한다고 한다. 주식을 포함한 유무형의 자산을 모두 합하면 그의 유산 규모는 일반인의 상상을 초월하는 것이다. 우리가 달나라 가기를 꿈꾸듯이 그냥 상상할 수밖에 없다. 실감 나지 않는, 감이 잡히지 않는 '욕망의 덩어리'이기에.

과연 그는 행복했을까. 고인이 된 기업 총수에게 물어보고 싶어도 이미 땅속에 묻힌 그가 답해줄 리 만무다. 또 그렇게 많은 돈을 상속하게 된 유족들은 행복할까. 큰돈을 벌어놓고도 어느 날 갑자기 닥친 뇌졸중으로 인해 기업 총수는 몇 년을 최첨단 의술과 의료기기에 의존해 수명을 연장하고 이따금 매스컴에 얼굴을 비쳤을 뿐이다. 그의 장남 또한 비정한 정치의 표적이 되어 사면되느니 마느니 하는 영어(囹圄)의 몸이 되어있다.

그나마 다행이라면, 그가 타계하기 전 모아놓았던 2만 3천 점에 달하는 귀중한 미술품과 문화재를 국가에 기증한다고 한다. 이 또한 엄밀하게는 욕망의 덩어리였을 것. 이런저런 진귀한 물품을 소장하려는 인간의 욕심이 문화라는 가면을 쓰고 점잖은 표정을 지었을 뿐이다. 돈과 문화는 돌고 돌아야 한다. 물처럼 흘러야 썩지 않고 맑음을 유지하는 것이다. 정선, 박수근, 이중섭, 김환기, 피카소, 모네, 르누아르 등 거장들의 작품들을, 유족이 기증하기로 함으로써 대중의 눈이 호사하게 되었으니, 고마운 생각이 들면서도 마음 한편이 쓸쓸할 수밖에 없다.

코로나로 엄중한 시기에도 돈이라는 욕망의 전차는 심야의 야릇한 불빛 아래서, 지하 컴컴한 공간에서 살을 붙린다. 피싱이라는 교묘한 전화사기를 통해 순박하고 지친 영혼들로부터 잔인하게 돈을 빼앗아간다. 부동산 투기라는 광풍으로 일상적 삶을 살아갈 존재들의 마음을 달뜨게 해서 전국 팔도를 누비게 한다. 일확천금을 꿈꾸며 로또라는 숫자에 매몰되게 하고, 도박과 마약이라는 유혹으로 다가온다.

삶의 기본 전제이고 중요한 요소로서의 '돈'이, 욕망이라는 전차에 얹히면 무소불위의 권력으로 둔갑하고, 상식을 뛰어넘어 철학과 윤리가 배제된 불가사리가 된다. 수많은 유산을 남긴 기업 총수의 최고 제일주의. 오늘날 한국을 넘어 세계에 우뚝 서게 한 도전정신과 세계적 비전을 높이 사지만, 사후세계로 떠날 때 만 원짜리 지폐 한 장 손에 쥐고 가지 못하는 존재가 인간이라는 것을 생각하면, 남겨진 그 큰돈은 누구의 것이며, 무슨 의미를 갖는 것인지 생각지 않을 수 없다.

그리스 신화에서는 저승으로 가는 강을 건널 때 쓸 뱃삯으로서의 동전 한 닢을 요구한다. 영화에서도 종종 저승으로 배 저어가는 사공에게 동전을 건네는 장면이 나온다. 몸과 영혼이 단출하게 나룻배를 타고 이승과 저승에

놓인 다리(강)를 건너는 것을 생각할 때, 그 큰돈은 도저히 무거워 신고 갈 수 없을 텐데, 과연 어떤 의미를 갖는 것인가 하는 의문이 든다. 그가 살아생전에 자신의 의지로 좀 더 많은 나눔과 비움을 실천했더라면 좋았겠다는 아쉬움이 드는 이유이다.

　마을공동체 단위의 친숙한 삶이 와해 되고, 요즘처럼 국가적, 전 지구적 재난이 도래하는 때일수록, 나눔의 윤리를 실행하기 위한 구체적이고 실질적인 정책이 요구된다. 사유와 공유의 틈을 좁히고, 체계적으로 정리할 필요가 있을 것이다. 우선은 "돈은 흘러야 한다. 그렇지 않을 때. 여러 문제가 발생한다."라는 고금의 진리를 돌아보면서, 땅에 대한 소유의 개념도 정리해볼 필요가 있겠다. 아무리 개인 소유의 땅이라고 할지라도, 이웃이나 사회에 대한 책임에서 완전히 벗어날 수는 없다. 이는 벽을 세울 수 없는 대기와 하늘에 대한 소유개념에도 같은 이치로 적용돼야 한다.

　그런 측면에서 한국에도 익히 알려진 데이비드 하비(David Harvey)의 '커먼즈(Commons: 공공재)'의 개념은 주목할 필요가 있다. 적극적으로 고려해볼 만하다. 그는 자본이라는 개념을 '손으로 잡을 수도, 만질 수도 없는 강력한 힘'으로 정의하지만, 자본이라는 모호한 개념을 추상적 분석이 아닌 구체적 현실을 통해 명쾌하게 풀이해주는 한편, 자연적, 지리적 측면에서 더 나아가 문화적. 지적 커먼즈로서의 언어적, 사회적 관행과 양태를 언급한다. 특별히 주목할 점은, 그가 자본의 핵심을 '축적을 위한 축적'이라고 보고, 위기를 극복하기 위해서 '자본의 축적'이 아닌 '가치의 축적'으로의 전환을 촉구하는 점이다.

주위를 돌아보면 내 땅이라고 해서 토양을 마구 오염시키고, 심지어 빌린 남의 땅에 쓰레기를 산처럼 쌓아놓고 사라지는 저질의 사기꾼도 있다. 내게 속한 하천이라 해서 오염수를 마구 쏟아내고, 심지어 방사능에 오염된 냉각수를 대양에 쏟아붓겠다는 이상한 인접 국가가 있으니, '그게 나라인가'라는 말을 해도 전혀 이상한 바 없다.

한 개인에 속하고, 한 나라에 속하더라도 그 땅과 바다와 하늘은 같은 지구 행성에 거하는 모든 존재와 관계를 맺는다. 토지 오염, 수질 오염, 대기오염은 모두 같은 속성을 갖는다. 사익을 넘어 공익에 영향을 미치기 때문이다. 그러기에 공동체의 안위와 지속성을 고려해서 21세기 지구인들은 코로나 같은 팬더믹에 대한 대처로부터 기후 대응과 대기. 해양오염에 협력하고 공동으로 대응해야 할 것이다.

무엇보다 욕망이라는 강력한 전차를 멈추기 위해서는

소통과 나눔이 전제돼야 한다. 지구촌 한구석에서 군부가 주도하는 학살의 참상, 또 다른 곳에서의 인종 학살, 빈곤과 차별, 인류 절멸의 핵무기 확산, 해빙과 폭우·폭서 등의 기상이변 등 인류 공동의 과제가 '욕망이라는 전차'를 타고 다가온다. 먹구름은 점점 짙어가고 우리는 머리 위로 서서히 다가오는 구름을 바라본다.

소통과 나눔, 그리고 협력. 이 간결하고 무겁지 않은 단어가 우리에게로 다가오는 구름을 조금씩 걷어줄 수 있다면, 미래는 긍정적일 것이다. 하루 사이에 또 다른 거목, 정진석 추기경이 영면에 들었다. 그는 살아생전 "모든 이에게 모든 것을 나누겠다."는 말을 늘 해왔으며, 사후 장기기증으로 이 말을 실천했다고 한다. 아무것도 남기지 않은 빈 몸으로 온화하고 행복한 미소를 지으며 떠났다고 한다.

놀람과 울림. 한 대부호가 천문학적인 재산과 상속세와 예술소장품을 남기고 떠났다. 입이 다물어지지 않는 놀라움이 여기저기에서 표출된다. 본인의 뜻인지 유족의 뜻인지는 모르겠으나, 상당한 사회 환원으로 이어졌다. 내게 놀람은 있으나 이상하게도 울림은 없었다. 하루 뒤, 많은 사람이 한 소탈하고 검소한 종교지도자의 죽음을 애도한다. 내게 놀람은 없었으나 이상하게… 울림은 컸다. 나름의 방식으로 사회 환원을 실천하며 떠난 두 거목… 그리고 거리엔 다시 욕망이라는 전차가 일상을 배회한다.

놀람과 울림, 그리고 욕망이라는 전차!
거인들의 명복을 빈다.

9.
365와 36.5로부터
인문 360으로

흔히 사람을 소우주라고 합니다. 우주에는 천체인 대
우주가 존재하고, 지상에는 각양각색의 소우주가 걸어 다
니는 셈입니다. 그런데 지구가 일 년 동안 태양을 한번 도
는데 필요한 365란 수치와 인체가 생명을 유지하기 위한
온도 36.5는 같은 숫자로 구성되어 있다는 것이 우연의 일
치치고는 정말 놀랍기만 합니다.

같은 숫자로 구성되어 있는 365와 36.5 중 어느 것이
큰가요? 당연히 365이겠지요. 그러나 제게 두 개는 같습니
다. 왜냐하면 내가 없는 우주는 내게 아무 의미가 없기 때
문입니다. 365는 365일을 뜻하며 천체 움직임에 따른 지

구의 운동을 의미합니다. 36.5는 피가 몸속을 돌아 나오는 운동으로 인해 유지되는 인간의 신체를 의미합니다. 그러므로 이 둘은 '나'라는 존재를 유지하는 전제이자 필수적 요건입니다.

오래전 TV에서 한국인의 일 년 독서량을 조사했더니, 성인 절반이 한 권 또는 그 이하라는 보도가 나와 충격을 줬던 일이 있었습니다. 아주 오래전 일이라 수치가 정확하지 않지만, 그 통계는 많은 것을 생각해보는 계기가 되었습니다. 2015년의 조사에서도 한국인들은 일 년 평균 약 9.1권, 한 달 평균 0.74권을 읽는다고 합니다. 이는 평균이므로 수십 권을 읽는 사람이 있는가 하면, 45% 정도의 사람은 전혀 안 읽거나 한, 두 권 읽는 경우도 많을 것입니다. 하지만 요즘처럼 각 지역에 소규모 도서관이 들어서고, 많은 문화이벤트와 독서콘서트 등이 진행되는 때에는 더 많은 책이 읽히고 유통되리라 생각합니다.

이러한 책 관련 정서와 환경, 행사들은 우리의 지적양식으로서 삶을 지탱해주는 영양분이 되고, 이 사회를 풍성하게 가꾸어가는 튼실한 자산임이 틀림없습니다. 그러기에 긍정적인 마음으로 다시 책 읽기를 생각합니다. 만일 일주일에 한 권씩 읽는다면 일 년(52주) 동안 대략 오십 권을 읽고, 장기적으로 가독(可讀) 기간(20세~80세)을 육십 년으로 잡을 때, (50권×60년=3,000권)이란 수치가 나옵니다. 좀 더 욕심을 내서 주당 두 권을 오십 년 동안 꾸준히 해간다면 (2×52×60=6,240) 대략 육천 권 이상을 목표로 할 수 있습니다. 그런데 이를 실천하기란 계산처럼 쉽지 않습니다. 책을 늘 가까이하며 즐기는 마음과 변함없는 의지가 필요하니까요.

교양 그리고 지성을 논함에 있어 무엇보다도 '책 읽기'를 꼽는 것은 예나 지금이나 변함없습니다. 두보는 '남아수독오거서(男兒須讀伍車書)'라 했습니다. 사람은 모름지기 다섯 수레 분의 책을 읽어야 한다는 것입니다. 운송 수단이 여의치 않았던 시절의 다섯 대 수레 분량이 오늘날 기준으로는 얼마나 될지 궁금하지만, 상당한 분량일 것입니다. 청나라의 학자 고염무도 사람은 모름지기 '독서만권(讀書萬卷) 행만리로(行萬里路)'를 해야 한다고 말했습니다. 만권의 독서를 하고 만 리의 여행을 통해 보고, 느끼며, 생각해야 한다는 것입니다. 독서의 가치가 비할 바 없이 크기에 만 권을 읽어야 한다고 얘기했을 것입니다. 그럼 그렇게 많은 양의 책을 읽으면 과연 이전과 달라지는 것이 있을까요. 한번 생각해보지요.

기 싸움

팔씨름: 팔을 잡는 순간 느껴지는 상대의 기운. 두꺼운 손마디와 팔목에서 전해지는 묵직함이 있다. 때론 가냘픈 손목이지만 탄탄하게 다져진 어깨로부터 전해져오는 전신의 힘. 여유 있는 미소와 냉기 어린 침묵으로부터의 강인함이 느껴진다.

권투: 1회전은 탐색전. 상대의 펀치를 맞아보면 그 강도를 가늠할 수 있다. 정면 대결을 할지, 상대를 지치게 한 후 공략할 것인지. 차돌처럼 날아오는 펀치엔 인고의 시간을 견뎌온 고단함과 강인함이 배어있다.

테니스: 게임 전 랠리를 통해 느끼는 상대의 기술과 파워, 그리고 순발력. 공을 감아오는 스핀은 지난 시간 다져온 훈련과 열정을 느끼게 한다. 둥근 공이 전하는 구력. 스피드와 기량과 정신의 견고함이다.

인문력: 말솜씨는 기량을, 말 습관은 인격을 전해준다. 차 한 잔의 담소가 전하는 달고 쓴 맛의 기억. 깊은 토론을 통해 전해지는 화자의 지식의 무게와 삶의 진중함.

책을 읽고, 쓰고, 가르치다 보니, 나름대로 인상과 말 습관을 통해 화자의 지력과 이력과 저력을 가늠해보는 버릇이 생겼습니다. 무엇보다도 가려져 있는 상대의 마음과 삶의 동력을 파악하는 것이 중요하면서도 또한 어렵게 느껴집니다. 말의 가벼움과 무거움, 여유와 방만함, 기상과 열정, 이런 것들이 스쳐 가는 관계에선 잘 드러나지 않는 관계로 소통에는 항상 어려움이 따릅니다.

대지를 적시는 단비가 오지 않을 때도, 산천초목은 저마다의 끈기와 저력으로 버티고 생존합니다. 이처럼 인간 존재에게 있어서도 땅속을 흐르는 지하수처럼 마르지 않고 끊임없이 흐르는 샘물이 되는 것이 인문학 정신이 아닐까요. 그러기에 우리가 평소 읽는 책은 정신을 살찌우고 영혼을 적시는 생명수가 될 것입니다.

바쁜 생활 중에도 정신의 순환을 위해 오십 권 읽기를 실천하면 어떨까요. 일주일에 한 권씩, 늘 가까이 놓고 손에 닿는 대로 책을 넘기는 것입니다. 형식에 구애받지 말고 자신의 취향대로 맘껏 읽는 것입니다. 한주 시작하는 월요일에 한 권의 책을 습관처럼 읽어가면서 말입니다. 그러한 시도와 열정을 통해 재미있는 놀이로서의 '독서'를 하다 보면 자신만의 '북지도'를 그려갈 수 있을 것입니다. 이를 통해 **'북지도'**로부터 **'생각의 지도'**로 그리고 나아가

'삶의 지도'를 그리면 좋겠습니다.

대한민국에 만권을 섭렵한 사람이 약 500명(0.0005%) 정도 된다고 합니다. 많은 시간을 투자하고, 큰 노력을 해서 거둔 값진 성과입니다. 수많은 사람이 재물과 권력을 얻고자 하는 시대에 아무리 큰 부와 지위를 성취하여도 책 만 권의 가치를 살 수는 없을 것입니다.

만 권이 아니더라도 백 권, 천 권의 목표를 정하고 좋은 독서 습관을 통해 인격을 도야하고 정신을 고양하는 독서는 다른 것에서 얻을 수 없는 값진 경험이 될 것입니다. 책을 통해 얻는 지혜가 서로를 행복하게 하고 아름다운 사회를 구축하는 밑거름이 되기를 희구합니다.

무심코 지나던 벽면의 포스터가 눈에 들어옵니다. '인문 360'. 인문 360! 근사하지 않습니까. 정신이 살아있는 진정한 삶을 추구한다는 점에서 '인문 360'을 주문해봅니다. 신선하고 멋진 아이디어를 만난 날이었습니다.

10.

혼란한 시대를
헤쳐가기 위한 지혜

시대가 혼란할수록 정보는 넘쳐난다. 자극적인 뉴스가 폭증한다. 선동적인 구호, 인격을 갖추지 못한 자들의 저급한 언행, 중간지대(Middle Ground)를 허용하지 않는 정치 풍토. 이 모든 것들이 우리를 흔들어댄다. 굳건한 바위처럼 흔들리지 않고 싶다. 혹 흔들리더라도 아름드리 거목처럼 굳센 뿌리로 바람을 이겨내고 싶다. 마음의 중심이 잡혀있다면 결코 외풍에 좌우되지 않을 것이다.

현실을 벗어날 수는 없는 것. 현실에 발 딛고 있되 부화뇌동하지 않으려면 어떻게 해야 할까? 자신의 사고로 판단하고, 통찰하고, 자신의 관점에서 전망하려면, 자신만의 자산이 있어야 할 것이다.

결코, 물질적 자산을 논하는 것이 아니다. 물질적 재산이 많다 한들 편안함, 안락함, 세속적 즐거움 이상으로 만족을 줄 수는 없다. 성장사회에서는 부와 권력이 주는 이점이 있었으나, 현대인은 더는 성장사회에 속해있지 않으며, 성장사회에서 성숙한 사회로의 이행기에 있다면 물질과 자본이 진정한 행복을 견인하기는 힘들다.

행복지수는 경제적, 물질적 요소보다도 문화, 예술, 심리적 안정, 미적 체험 등에 의해 더욱 영향을 받게 될 것이다. 공공의 차원보다도 개인적인 차원에서, 또한 소셜미디어 측면보다도 경험적, 체험적 측면에서의 만족이 진정한 행복을 줄 것이다. 따라서 공간적, 현실적, 사회적 한계에 처해서 책을 많이 읽을수록 도움이 될 것으로 생각한다. 심적, 정신적 공백을 메우기 위해서는 말할 것도 없다.

혼란을 헤쳐가기 위해서 뿐만 아니라, 개인적. 주관적 행복을 증진하기 위해서는 반드시 독서를 해야 한다. 물론 독서가 기계적으로 행해질 수는 없다. 책 읽는 것 또한 시간과 공간, 그리고 기후나 날씨의 영향을 받는다. 그러나 일정한 양의 독서를 하다 보면, 나름의 독서 습관을 형성할 수 있다. 그때부터는 책 읽는 인생이 시작되고, 행복을 향한 책 여행이 시작된다.

독서 습관을 형성하기 위한 최소한의 독서량은 대략 삼백 권. 한주에 한 권씩 일 년(52주)을 가정할 때 약 오십 권(1×52=52)이다. 삼백 권은 육 년 동안 꾸준히 책을 읽어가는 분량. 금연도 육 년을 하면 안심할 수 있는 단계에 접어든다고 하지 않는가. 계절에 조금 영향을 받기도 하지만, 필자의 경우 주당 세 권 또는 네 권을 목표로 한다. 주당 세 권씩이면 백오십육 권(3×52=156), 네 권이면 이백여

덟 권(4×52=208)을 읽게 된다.

『책을 읽는 사람만이 손에 넣는 것』의 저자 후지하라 도 일 년에 약 백오십 권에서 이백 권의 책을 읽는다고 한다. 주당 세 권 또는 네 권을 읽을 경우, 일 년에 대략 이백 권씩 십오 년을 채우면 삼천 권을 읽게 된다.

주목할 점이 있다. 300과 3,000이라는 숫자를 다시 주목하자. 많은 독서가가 직시하듯, 삼백 권을 돌파할 즈음의 성과를 느껴보자. 이즈음에 수많은 독자가 어느 정도 책을 선정하는 안목을 갖게 된다고 한다. 그 후엔 자기 나름의 독서법을 전개할 수 있다. 3,000이란 숫자의 매력은, 이제 자신 안의 세계가 서서히 밖으로 뻗어가는 시점이다. 그동안의 인풋이 차고 넘쳐 이제 아웃풋으로 변해가는 것이다. 샘물이 차면 넘쳐흐르듯 이제 자신의 사고와 통찰을 함께 나눌 수 있는 단계가 되는 것이다.

조금씩 해보면 재미도 붙을 것이다. 개인적으로, 또는 독서 모임이나 독서동아리에서 책으로 함께 하는 즐거움이란, 그 어떤 시간보다도 흥미롭고 유익할 것이다. 한주한 권의 독서라면 충분히 실천할 수 있는 양. 좀 더 익숙한 독서가라면 주 두 권, 주 세 권을 독파할 수 있을 것이다. 독서 근육이 붙으면서 가속도가 생길 것이다. 다만 책을 꼭 다 읽을 필요는 없다. 글을 한 줄씩 읽는 대신, 흥미

있는 부분을 위주로 빠르게 읽어가면 된다. 지나치게 꼼꼼하게 읽으면 쉽게 지쳐서 책을 끝내기도 전에 손에서 놓게 될 수 있다. 독서를 해가면서 간서(看書) 하는 습관을 들이면 좋겠다. 필자의 블로그 「인문 너머의 사유」에 게재한 〈독서법〉을 참고해서 간서를 해나가면 책 읽는 즐거움을 알게 될 것이다. 좋은 계절이니, 모두가 독서로 행복을 배가(倍加)하면 좋겠다.

Ⅲ.

책 속의 책,
글 속의 글

1.
부자를 만드는 필체

• 구본진.『필체를 바꾸면 인생이 바뀐다』. 샘엔파커스, 2020.

"필체가 인생을 바꾼다."라는 말이 사실일까? 다년간의 경험을 바탕으로 이것이 가능하다고 주장하는 사람이 있다. 한국의 1호 필적학자로『필체를 바꾸면 인생이 바뀐다』를 출간한 구본진 변호사. 그는 오랜 시간 다양한 필적을 연구해온 경험으로 글씨와 운명의 연관성을 제시한다.

구 변호사는 "글씨는 인간의 내면을 반영한다."라고 말한다. 그가 과거 이십 년간 강력부 검사로 일하면서 조직폭력배, 살인, 마약 범죄자의 자술서를 살펴본 결과, 범죄자들의 필체는 일반인들의 필체와 무척 다르다는 것을 알게 됐다.

대표적인 예로, 1970년대에 연쇄살인범으로 악명을 떨친 김대두의 필체는 행간이 좁고, 선이 선을 침범하는 전형적인 연쇄살인범의 필체라고 한다. 그 밖에 일제 강점기 독립운동가들의 글씨는 깔끔하고 군더더기가 없는 데 반해, 친일파의 글씨는 글자 크기와 행간이 불규칙했다고 분석한다.

부자들의 필체에선 'ㅁ'의 중요성을 강조한다. ㅁ의 오른쪽 아래는 필자의 마음 상태를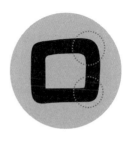
나타내는데, 이곳을 확실하게 닫
는 사람은 빈틈이 없고 돈을 낭
비하지 않는다고 한다. 오른쪽 윗
부분은 둥글게 쓰고, 아랫부분을
닫는 것이 부자들의 전형적인 특징이라는 것이다.

성공한 사람들의 글씨가 보여주는 공통점도 있다. 대
체로 필선이 단단하고 곧게 뻗으며, 오른쪽으로 갈수록 올
라간다. 가로획을 길게 쓰는 특징도 있다. 부연하면 "단단
하고 곧게 뻗은 선은 삶에 대한 긍정적 태도를, 우상향 글
체는 낙천적 성향을 보여주며, 긴 가로획은 인내력을 의미
한다."고 말한다.

그의 주장처럼 정말 필체가 인생을 바꾸는 것일까. 구
변호사는 "롤 모델이 되는 사람의 글씨를 따라 부단히 연
습하면, 그만큼 선망하는 사람의 삶의 방식에 가까이 다
가가게 된다."라고 조언한다.

'신언서판(身言書判)'이라 했다. 글씨는 한 사람의 내공
을 보여주는 것으로서, 글씨와 글은 한 존재의 총체적 역
량을 가늠하는 잣대가 될 수 있을 것이다. 이런 맥락에서
구 변호사의 말은 동양학의 원리와 상통한다. 그는 '글씨
는 뇌의 흔적'이라고 표현한다. 그의 말대로 "필체가 인생

을 바꾼다."는 것이 사실이라면, 창의적이고 개성 있는 글씨를 쓰도록 애를 쓸 필요가 있겠다.

존재를 보여주는 글씨. 멋들어진 글씨와 글이 손끝에서 기다려진다.

2

'비 독서'에 대한 생각

• 피에르 바야르. 『읽지 않은 책에 대해 말하는 법』. 여름언덕, 2008.

'비 독서'를 생각한다. 비 독서라고 함은 말 그대로 책을 읽지 않는 것인데, 왜 하필 '독서'가 아닌 '비 독서'를 생각한단 말인가. 먼저 비 독서에 앞서 독서 얘기를 해야겠다.

독서란 혼자 하는 것이란 생각이 내겐 지배적이었다. 그런 이유로 오랫동안 혼자서 이런저런 책을 꽤 뒤적였던 것 같다. 사실상 전공 서적을 읽고 논문을 준비하거나 논문자료를 찾는 일에 많은 시간을 보낸 것이다. 한편으로는 국문 서적을 빨리 많이 읽으면 좋겠다는 생각이 늘 마음 한구석에 자리하고 있었다. 그러니 국문 소설이나 산문집 그리고 교양서를 읽는 사람을 보면, 내게 언제 저런 시간과 기회가 있을까 내심 부럽기까지 했다.

원서로 된 소설이나 시집은 아무리 빨리 읽는다고 해도 며칠은 걸리는 일이어서, 나로서는 삶의 상당한 기간을 외국어 능력 배양과 논문 쓰기에 할애한 셈이다. 따라서 주변에서 크고 작은 독서 모임이 이루어지고 있다는 것은 귀로 들어 알고 있었지만, 모임에 참석한다는 것은 엄두를 내지 못할 일이었다. 그래도 언젠가 기회는 오는 법.

우연한 기회에 정년을 한 은사께서 주관하는 독서 모임에 참석하게 되었다. 크지 않은 독서 모임이지만, 함께 읽고 생각을 나누는 것의 중요함과 소중함을 느끼게 한 자리였다. 그 이후로 그동안 전공 서적에만 몰두한 것에 대한 한풀이 내지는 보상이라도 하듯이, 국문 교양서와 인문 사회 도서를 탐독하기 시작했다. 그리고 대학도서관이며, 시립. 공립 도서관을 가리지 않고 서가에서 눈에 들어오는 책을 뒤적였다. 이 무렵에 작은 독서 소모임에 가입하면서 토론을 위해 손에 잡은 책이 피에르 바야르의 『비 독서에 관한 통찰』이다.

책 대부분이 '읽기의 유익함'을 강조하는 반면에, 이 책은 '읽지 않는 것의 장점'을 얘기하고 있으니 특이할 수밖에 없다. 그런 특별함이 나에게 이 책에 관심을 두고, '비 독서'를 생각해보는 시간을 갖도록 해주었다. 바야르 자신이 "비 독서의 좋은 점을 알려주는 텍스트를 거의 찾아볼 수 없다."라고 말하듯이, 그 점에서 "이 책은 유일무이하며 특별한 책이라고 할 수 있을 것."(조금은 과장된)이라는 바야르의 견해에 상당 부분 공감하면서, 그의 논점을 정리해 본다.

바야르가 제기하는 비 독서의 두려움은 크게 세 가지인데, 독서에 관련된 통념과 오류를 적확하게 지적했다는 점에서 큰 의미가 있다. 먼저, 독서의 의무이다. 바야르는 "우리 사회는 독서가 신성시되는 사회이다. 일정한 모범적인 텍스트들이 있는데, 그런 책들을 읽지 않는다는 것은 부끄러운 일로서 이를 감히 드러내는 것은 두려운 일이다."라고 밝힌다.

두 번째는 정독의 의무. 읽지 않는 것은 부족함을 드러내는 일이다. 게다가 후딱 대충 읽어 해치우는 것을 드러내거나, 또 그렇게 읽었다고 밝히는 것은 눈총을 받게 되는 부끄러운 행위이다. 이점에 있어서 독서행위에 대한 사회적 시선과 통념을 바야르가 솔직하고 정확하게 읽어내고 있음을 알 수 있다. 마지막으로는 독서와 담론에 관한 선입견이다. 어떤 책을 읽는 것은 그 책에 대해 어느 정도 정확하게 이야기할 수 있다는 것을 전제로 한다. 과연 그런 것일까? 바야르는 이를 정면으로 반박한다. 읽지 않은 책에 대해서도 얼마든지 누군가와 열정적인 대화를 나눌 수 있다는 것이 작가의 생각이다.

이상의 세 가지, 즉 독서의 의무, 정독의 의무, 독서. 담론에 대한 선입견 등은 보편적이고 타당한 인식이며 통념적으로 인정돼왔던 바이다. 그렇지만 바야르는 이러한 것들이 사실은 독서를 방해하고, 독서를 두렵게 만드는 기제로 작용한다는 점을 지적한다. 따라서 기존의 관점을 해체하고 정형화된 독서를 넘어서는 새로운 인식의 틀을 강조하는 것으로 해석할 수 있다.

약속한 날 토론회에 가려고 하면, 세상일과 시간에 쫓겨 책을 제대로 읽지 못하고 갈 때가 있다. 이제부터는 그런 상황이 되더라도 굳이 죄인의 심정으로 무겁게 참석할 필요는 없을 것이다. 책을 건성으로 읽은 것이 혹 토론 중에 드러나더라도, 바야르를 들먹이면서 조금은 낯 두껍게 덜 미안해해도 된다는 것은 얼마나 다행한 일인가.

때론 "독서를 하지 않고도 다른 사람의 생각을 듣는 것이 객관적 입장에서 더 좋을 수도 있다."라는 괴변을 들먹이면서, 뻔뻔하게 독서 모임의 한 자리를 차지하고 있을 내 모습을 생각하니 저절로 웃음이 나온다. '비 독서'의 적당한 변명거리를 제공해준 바야르에게 감사한다. 그러면서도 한편으론 "그러한 일은 없도록 해야겠지."라며 자신을 다그치는 것이다.

3.
읽지 않은 책을 말하는 법

- 피에르 바야르. 『읽지 않은 책에 대해 말하는 법』. 여름언덕, 2008.

책을 읽지 않고도 어떤 책에 대해 말하는 것이 가능할까? 이런 것이 말이 될까? 안 읽은 책에 대해 말하는 데는 두 가지 걸림돌이 있다. 첫째는 양심의 거리낌이다. 강심장이 아니라면 '읽지 않은 책을 읽은 척' 말하는 것은 비양심적인 일이어서 굳이 하려고 하지 않는다. 다른 걸림돌은, 책의 내용을 아는 사람과 만날 때 분명 망신을 당할 위험성이 있다는 점이다. 이런 까닭에 '읽지 않고도 읽은 척할 수 있는 방법(?)'을 알려주는 것은 아닌가 하고 은근히 기대하며, 『읽지 않은 책에 대해 말하는 법』을 손에 덥석 쥐었다.

수없이 쏟아져 나오는 책을 어떻게 다 읽을 수 있겠는가? 이런 고민은 독서가에게, 또 책을 가까이하거나 가까이하지 않더라도 독서를 고민하는 많은 사람에게 공통된 고민거리일 것이다. 책의 제목을 보는 순간 오래전 읽었던 내용이 떠올랐다. 직접적으로 읽지 않았어도, "간접적으로 접한 책이라면 책을 읽은 것으로 간주할 수 있다."라고 움베르토 에코가 말하지 않았던가. 당대의 유명한 작가가 한 말이니 별다른 이의 없이 공감했다.

거기에 더해 바야르 또한 '비 독서'를 언급하지 않는가. 그의 책을 펼치니 구성이 특이하다. 그는 읽지 않은 책에 말하기 위해서 상황별 요령을 기술했다. 목차에서 크게 (비 독서의 방식들, 담론의 상황들, 대처요령) 이렇게 세 장으로 나누어 내용을 전한다. 각각의 구성이 재미있다. 책을 전혀 읽지 않은 경우, 책을 대충 훑어보는 경우, 다른 사람에게서 귀동냥한 경우, 책의 내용을 잊어버렸을 때 등 상황별 대처방안을 기술했다. 또 교사 앞에서, 작가 앞에서, 사랑하는 사람 앞에서 어떻게 읽지 않을 책을 말할 수 있는가를 보여주니 꽤 흥미롭고 재미있다.

책의 특징은 다른 무엇보다 서문이 무척 길다는 것이다. 그의 책 서문을 읽으며, 앞으로 책을 낼 때, 나는 결코 서문은 절대 길게 쓰지 않겠다고 다짐하게 되었다. 그렇지 않아도 쓴 글에 대해 "글이 조금 길다." 내지는 "글이 어렵다." 등의 불평이 있음을 고려하면, 책을 낼 때 특색 있는 글도 아니고, 서문마저 길어진다면 누가 이를 탐탁하게 여기겠는가. 다른 시각에서 생각해본다면, 서문이 길다는 것은 저자가 그만큼 애정을 품고 있어서 책에 대한 안내를 상세하게 하고 싶기 때문이기도 하다. 하지만 인내심 부족한 독자로서는 내팽개치고 싶은 생각이 커갈 수밖에 없을 것이다. 그렇다면 결국 긴 서문은 독자의 인내심을 시험하는 첫 관문이 될 수도 있다.

하지만 바야르의 글은 참으로 흥미롭다. 그는 일견 '책을 읽지 않고 어떻게 책을 논할 수 있는가'에 대해 해결점을 제시해준다. 그러나 책 제목과 달리(그 자신이 분명히 밝히고 있는 바와 같이), "읽지 않은 책에 대해서 말할 수 있어야 한다."라고 가르치는 것 같다. 사실은, 그런 값싼 기술을 가르치는 것이 아니라… 모든 책을 다 읽어야 하는 헛된 낭비로부터 어떻게 벗어날 수 있는가, 그러면서도 책과 지식과 진실을 숭상해온 전통을 어떻게 하면 지혜롭게 극복할 수 있는가, 라는 것에 관한 내용이라고 할 수 있다.

책의 역자 또한 "이 책은 읽지 않고 말하는 기술에 관한 책이 아니라, 모든 책을 다 읽지 않고도 우리 삶의 가치를 새롭게 창조해 나갈 수 있는 지혜에 관한 책이다."라는 점을 분명히 밝히고 있다. 바야르의 책을 호기심 때문에 집어 들었듯이, '비 독서'나 '읽지 않은 책을 말하는 법'

에 관심이 있는 독자라면, 그의 책을 한번 관심 있게 읽을
필요가 있지 않을까 하는 생각이 든다.

4.
'어떻게 살 것인가'에 대해

• 유시민.『어떻게 살 것인가』. 생각의 길. 2018.

"어떻게 살 것인가?"라는 질문은 조금 또는 상당히 부
담스러운 질문이다. 만일 누군가로부터 "어떻게 사십니
까?"라는 질문을 받는다면, 당혹스럽기도 하거니와 내심
불쾌한 생각이 들 수도 있을 것 같다. 질문의 본질을 떠나
이처럼 질문이 유발할 심리적, 감정적 파장의 결과를 생각
한다면, "어떻게 사십니까?"라는 질문은 하거나 받는 사람
모두에게 상당히 부담스러운 질문임이 틀림없다.

하지만 모든 사람이 한 번쯤 이 질문을 해보지 않았겠
는가. 아마 가장 먼저 자기 자신에게 질문을 던졌을 테고,
또 삶의 여정에서 빈번히 던지는 질문일 것이다. 한편 누
구도 타자에게 "어떻게 살고 있어요?" 또는 "어떻게 살 거
요?"라고 쉽게 물을 수 없는 미묘한 성격을 갖고 있어서

질문의 무게를 더한다.

'어떻게 살 것인가.'라는 이 말을 지면을 통해 접하면서 나로서는 멈칫할 수밖에 없었다. 떨칠 수 없는 호기심을 동반한, 쉽게 답할 수 없는 그 질문을 과연 저자(유시민)가 어떻게 소화했을까 하는 궁금함이 나를 잡아당겼다. 그래서 유시민의 책 『어떻게 살 것인가』를 한번 독서 토론의 주제로 정하고, 여러 사람이 책을 읽고 와서 얘기해보면 좋겠다고 생각했다.

우선 질문을 질문으로만 생각해본다. "어떻게 살 것인가."라는 물음은 건성으로 답한다면 "사는 대로 사노라."처럼 성의 없는 답변을 할 수도 있지만, 반대로 철학적 사고와 종교적 교리가 들어간다면 점점 깊어지고 복잡한 답이 될 것이다. 어느 경우든 답이 쉽지 않은 이유는, 질문이 답변자에게 진지한 성찰을 요구하기 때문이다.

그래서 포괄적 질문의 근거가 되는 철학적, 종교적 질문을 배제하고, 개인과 사회의 관계에 바탕을 둔 물음에 한정해 생각해보고자 한다. 질문은 두 가지 성격을 갖는다. 즉 개인적 성격의 질문이 될 수도 있고, 다른 한 경우는 광범위한 단위의 사회적(또는 국가적) 차원의 질문이 되기 때문이다. 그래서 『어떻게 살 것인가』라는 책을 접했을 때, 책 제목을 참 잘 지었다고 생각했다. 책의 여러 부분

중 가장 관심을 끄는 곳은 3장 '놀고 일하고 사랑하고 연대하라'였다.

사실 이 장에는 (쓸모 있는 사람 되기, 즐거운 일을 잘하는 것, 재능 없는 열정의 비극, 문재인과 안철수- 도덕과 욕망, 떳떳하게 놀기, 품격 있게 나이를 먹는 비결) 등 여러 흥미 있는 글들이 많다.

시간에 쫓겨 책을 다 읽고 모임에 가기는 역부족이었다. 그래서 지난번 모임 때 읽었던 피에르 바야르의 책을 상기하며, 용기를 내어 내가 읽은 부분이라도 잘 정리하고, 다른 토론자들의 요약에 귀를 기울일 생각이었다. 맡은 부분을 집중적으로 읽고 나서 느낀 점은『어떻게 살 것인가』가 결코 난해하거나 새로운 차원에서 얘기하는 것이 아니라는 점이었다. 그의 글은 이성적이고 논리적이며 또 합리적이고 지극히 상궤를 달리고 있었다. 그러나 적어도 이것만큼은 확실하다. 저널리스트, 작가로서의 유시민은 자기 기준이 명확한 사람이라는 것. 속이 꽉 찬 사람이라는 것. 그의 말(신문 인터뷰)대로라면 언론이 그를 대선이라는 잔치에 가도록 부추기고 있고, 집권당 또한 풍성한 찬거리를 위해 그에게 손짓하는 상황이라는 점이다. 책을 읽으면서 다가오는 느낌은 그는 결코 여론이나 타의에 의해 대선에는 나가지 않을 것이라는 느낌이 들었다.

그가 한 말 "인간의 존엄을 보장하는 세상을 만들기

위해 내 삶의 존엄을 해치는 일을 더는 하고 싶지 않다."
라는 말이 내게는 무척 와닿았다. "직업정치를 떠나 내가
원하는 삶을 살기로 했다. 이제는 다른 방식으로 사회적
선을 추구하는 사람들과 기쁘게 연대하기로 마음먹었다."
라고 다짐하는 그에게서 굳은 결기(決氣)가 느껴졌다. 많은
정치가가 자기 말을 뒤집으며 삶을 파멸로 몰아갔다. 더러
는 내로라하는 몇몇 정치인들이 자기 말을 뒤집으며 아주
드물게 성공했다. '어떻게 살 것인가'를 곱씹으며 자신의
철학과 비전을 제시했지만, 과연 앞으로 그가 '어떻게 할
것인가'의 행보는 매우 궁금하기만 하다.

5.

전업 작가, 시인으로 산다는 것

- 무라카미 하루키. 『직업으로서의 소설가』. 현대문학, 2016.
- 최영철. 「전업시인으로 산다는 것」. 『시로부터』. 산지니, 2019.

글쓰기는 매력이 있다. 자기 생각을 자신의 무늬로 수
놓는 것이기 때문이다. 게다가 주변 사람들이 자신의 글을
진지하게 읽고 관심을 가지고 봐주는 것은 얼마나 기분

좋은 일인가. 글 쓸 때의 재미와 신바람, 그리고 글을 만들어 낼 때의 성취감은 그래서 글 쓰는 사람에게는 소중한 자양분이다.

문제는 나름의 글 양식과 문체를 어느 정도 이루어가고, 자신의 글 세계를 정립해갈 때 부딪게 되는 고민이 아닐까 싶다. 글쓰기는 상당한 집중력과 인내력이 있어야 한다. 어느 단계에 이르면, 글에 주력하기 위한 시간, 경제력, 건강과 체력, 그리고 사회적 관계 설정 등 여러 요인이 영향을 미친다. 한마디로 글을 쓰기 위한 대가를 치러야 한다.

글 쓰는 것은 누가 시켜서 될 일도 아니다. 하지만 좋아서 하는 사람에게는 누가 말려서 그만둘 일도 아니다. 이러한 글의 속성이, 아마도 세상에서 글이 사라지지 않고 존속하게 하는 영속성일 것이다. 절박한 것은, 글이 어느 정도 단계에 오를 때 글 쓰는 사람으로서는 글에 대한 대가가 필요함을 느끼게 된다는 점이다. 글에 대한 희생이 너무 클 때 작가로서는 작업을 계속해야 할지 말아야 할지 고민하게 되는 시점이다.

우연히 취미로 시작한 글쓰기가, 독서 후 기록으로 시작한 글쓰기가, 무심하게 공모전에 출품한 작품이 당선되어 칼럼을 이어 가는 나의 글쓰기에도, 그러한 고민과 갈등은 존재한다. 마음 같아서는 더 많은 책을 읽고, 더 많은 글을 쓰고, 더 높은 글의 경지에 도달하고 싶다. 이즈음이면 과연 글쓰기로 현실의 요구를 모두 충족할 수 있겠는가 하는 현실적 고민이 대두한다.

글쓰기의 고민이 깊어갈 무렵 무라카미 하루키의 책을 만났다. 삼십 년 이상 인기 도서를 펴내며 독자들의 사랑을 받아온 하루키. 그의 『직업으로서의 소설가』는 단번에 내 눈에 들어왔다. 과연 작가 자신이 생각하는 직업인으로서의 소설가는 어떤 것인지 무척 궁금했다.

하루키는 소설을 쓰기 위한 훈련을 전혀 받은 적이 없다고 말한다. 작가가 되겠다는 계획이나 결심도 분명하지 않았는데, 어느 날 불현듯 생각이 나서 『바람의 노래를 들어라』라는 소설을 쓴 것이 공전의 히트를 기록하고, 그걸로 문예지의 신인상을 탄 것이 문필의 길로 접어들게 된 것이다. 그의 말처럼, "뭐가 뭔지 잘 알지도 못한 채 직업적인 작가가 되어버렸다."라는 것이다. 그래서 그는 '어떤 특별한 힘에 의해 소설을 쓸 기회를 부여받은 것'이라고 생각한다.

그 특별한 힘을 그는 '행운' 또는 '물 때' 등으로 표현한다. "이렇게 소설을 쓰고 이것만으로 생활할 수 있다는 건 나에게는 참으로 감사한 일이고, 이렇게 살 수 있는 것에 대해서는 실로 큰 행운이라고 생각합니다."라고 하루키는 말한다. 문업(文業)에 대한 하루키의 감사와 겸허한 마음이 느껴지는 부분이다. 주목할 점은 문재(文才)를 바라보는 작가의 시각이다. 하루키는 글을 쓰는 능력을 '유전'이나 '금광 채굴'에 비유한다.

자신이 가진 '소설 쓰는 재능'이 유전이나 금광 같아서, 만일 발굴되지 않았다면 깊은 땅속에 하염없이 잠들어 있을 것이라고 말한다. 그는 모든 일에는 '물 때'라는 것이 있어서 한번 상실되면 많은 경우 두 번 다시 찾아오지 않는다고 한다. 자신은 우연히 그 호기를 제대로 포착했고, 그것이야말로 '행운'이라고 밖에 말할 수 없다는 것이다.

하루키는 이 행운을 '무료입장권'으로 표현한다. 행사장 안으로 들어가는 데만 유효한 입장권. 행사장 안으로 들어가서의 일은 입장권과 상관없이 각 개인의 재능과 자질, 그리고 기량, 나아가 신체력의 문제라는 것이다. 그가 바라보는 글의 세계엔 다양한 삶의 방식이 있고, 다양한 글쓰기, 그리고 세상을 보는 다양한 시선과 언어를 선택하는 다양한 방식이 존재한다. 그래서 프로레슬링 같은 소설 세계에서, "링에 오르는 건 쉬워도 오래 버티는 건 쉽지 않다."라고 말한다. "소설을 오랫동안 지속해서 써내는 것, 소설로 먹고사는 것, 소설가로서 살아남는 것, 이건 지극히 어려운 일입니다." 그래서 하루키는, "소설가에게 재능, 기개, 행운, 인연, 기량 등은 모두 인과관계가 있다."라고 말한다.

다만, 소설은 머리가 좋은 사람에겐 적합지 않은 일이다, 라고 하루키는 말한다. 소설은 저속으로 가는 일이기 때문이란다. '소설을 쓴다거나 또는 스토리를 풀어간다는 것은 상당히 저속의 기어로 이루어지는 작업'이기에, 머리 회전이 너무 빠른 사람이나 특출하게 지식이 많은 사람은 소설 쓰는 일에 맞지 않을 것이라고 조언한다. 그의 표현을 빌리면, 소설은 '상당히 멀리 에둘러 가는, 손이 많이 가는 작업'인 까닭이다.

글이 길게 늘어지거나 산만해질 때면 '시'가 마음에 찾아온다. 쓰던 글을 깔끔하게 압축하고 정돈하고 싶은데 마음대로 되지 않을 때, 시는 큰 위로가 된다. 그래서 최영철 시인의 산문집 『시로부터』를 손에 잡게 되었다. 무엇보다 궁금한 것은, 시인 자신은 '전업 시인으로 산다는 것'을 어떻게 이해하고 수용하는가 하는 점이었다.

찜통더위가 시작된 휴가철. 중국 여행을 가자는 지인의 제안을 물리치고 서글퍼하는 시인. 시인은 서글픔의 원인이 그 누구도 아닌 온전히 자신의 탓임을 안다. 시를 쓰는 것은 누가 시키는 일도 아니며, 책임과 의무가 있는 일도 아니니, 당장 때려치우고 다른 밥벌이를 찾아 나선다고 누군가가 불평할 리 만무다.

그러나 또한, 시인은 자신이 시 쓰기를 멈출 수 없음을 안다. 좋아하는 일이기 때문이다. "좋은 것을 자기 것으로 삼으려면 일정한 희생을 감수해야 한다."라고 말하는 데서, 시 쓰기를 업(業)으로 하는 시인의 정직하고 강직한 마음 새가 느껴진다. "시 쓰는 일은 다른 일에 비해 경제적 교환 가치가 턱없이 작고 사회적 대우 또한 형편없이 추락해있다. 누구에게 고용된 처지가 아니니 나의 처지를 하소연할 곳도 없다. 헛된 이상과 망상에 사로잡혀 조직 생활이 힘들어진 사회 부적격자로 오인되지 않으면 그나마 다행이다. 스스로 시인입네 떳떳하게 밝히기가 쉽지 않은 세상이다." 이 문구를 읽으니, 시를 바라보고 있는 시인이 한없이 측은해진다.

그의 표현을 빌리자면, 전업 시인은 그럴듯한 '1인 기업'이다. 자신이 고용주고 자신이 노동자며, 휴가도 휴업도 없으며, 무더위를 피해 떠났다 해도 피서지에서 출장 근무로 과업을 수행하는 자이다. 휴가비는커녕, 맘껏 쉬고 오라고 배려해주는 사람도 없으며, 채용한 사람 없는 종신 고용자로 언제라도 그만둘 수 있지만, 사표를 제출할 마땅한 곳도, 그럴 용기도 없으며, 열악한 처지를 개선하기 위해 단체교섭을 벌일 노조도, 후원해줄 마땅한 조직도 없는 존재가, 바로 시인이라는 것이다. 때론 과민성 신경증을 동반하는 직업병이 있으나 그런 건 산재에 해당하지도 않는다. 지치면 그만 쉬라고 공로패와 퇴직연금을 지급해주지도 않는다, 는 그의 한탄을 듣고 있자니, 웃을 수도 울 수도 없는 난감한 상황이 돼버린다.

『전업 시인으로 산다는 것』의 말미를 장식하는 「시여 시여」. 이 한 편의 시가 그의 마음을 대변하는듯하다.

그렇게 말해 놓고 마음이 아프구나
그러나 너는 수시로 마음이 아파야 할 몸
언제까지 너에게 사탕발린 치사나 하고
비단옷에 잘 익은 쌀밥만 먹일 수 없다
너도 네 이웃이 입는 누더기를 걸치고
저자로 나가 뒤섞여 보아야 하리라

–중 략–

마음이 아프구나 너도 철이 들기 위해서는
밖에 나가야 하리라 시여 세상 물정을 알기 위해서는
저 냄새나는 세상의 시궁창을 건너와야 하리라
너를 짓밟고 찬바람 속에 내몰아

그 온유하던 얼굴 갈수록 거칠고 볼품없어

바라보는 나는 갈기갈기 찢어지지만

시여 네가 오래 사는 길이다

네 어깨 갈수록 넓어지고 그 속에 내가 묻히는 길이다

– 최영철, 「전업시인으로 산다는 것」

6.

'오래된 미래'를 생각하라

• 헬레나 노르베리 호지,
『오래된 미래: 라다크로부터 배우다』, 중앙북스, 2012.

'오래된 미래'라는 이해하기 어려운 말을 접하게 되었다. 과거는 오래될 수 있으나, 과연 '오래된 미래'가 가능할까? 언뜻 어폐(語弊)가 있다고 생각했는데, 그렇지만은 않을 수도 있겠다고 생각했다. 잠시 망설이다가 책을 읽기로 한다.

『오래된 미래』는 호지의 오지 이야기다. 탐험가 헤레나 노르베리 호지가 인도 북부의 작은 마을 라다크(Ladākh)를 여행하면서 체험하고 쓴 책이다. 호지는 오랫동안 자급

자족해 온 공동체가 자본에 의해 어떻게 변하고 정체성을 잃어 가는지, 또 그 결과는 무엇을 의미하는지를 그린다.

책의 줄거리는 간단하다. 라다크는 현대인들이 꿈꾸는 미래였고, 오랜 공동체 속에는 현대인들이 꿈꾸는 미래가 이미 존재하고 있다. 라다크는 보리와 통밀을 주식으로 하고 기운 옷을 입으며, 가축 똥을 말려 거름과 땔감으로 사용하는 곳이다. 그러나 그들은 결코 가난하다고 생각하지 않으며, 화내는 일도 없고, 매사에 끝없이 미소 지으며 천년을 이어온 마을을 유지하고 있다.

1974년 인도 정부에 의해 외부에 소개된 후 마을은 개방되고, 이후 정부에서 파견된 행정관리와 개발감독관들이 이곳을 찾고, 개발은 라다크의 미래가 된다. 이전까지의 행복은 무지의 소산이 되었고, 오래된 라다크의 문화와 느긋한 삶에는 달러가 오고 간다. 관광객들을 보며 마을 사람들은 세련되고 돈 많은 사람을 부러워하게 되었다.

먹고사는 데 부족함을 느끼지 않았던 라다크 사람들은 자신들의 생활을 세련된 문화와 비교하면서 열등감을 느끼고 물질주의에 경도된다. 라다크는 새롭게 개발되지만, 함께 어울렸던 마을 사람들은 경쟁체계로 내몰렸으며, 이전의 풍요와 행복은 가난과 불행으로 바뀌었다.

이 같은 내용을 소개하며, 호지의 책 『오래된 미래』는 묻는다. 한 사회를 판단하는 기준으로서 가장 중요한 것은 사회 구성원들의 행복이 아니냐고, 지속 가능한 행복이 아니냐고. 개발은 전통사회를 짓이겨 부수는 것이 아니라 쌓아온 전통문화에 기초해서 지향해야 할 오래된 미래가 아니냐고.

결국, 책을 읽고 나서 다가오는 물음은, 라다크는 무너진 미래 안에서 과연 희망을 찾아 이어갈 수 있겠는가, 아니면 너무 오래된 미래로 치부하고 현실에 만족하게 될 것인가 하는 점이었다. 이 책이 독자에게 유용한 것은, 라다크의 오래된 미래를 통해 인류는 자신이 꿈꾸는 미래를 위해 과연 자본을 어떻게 통제해야 할 것인가를 생각하게 된다는 점이다.

우리에게도 '오래된 미래'가 아닌 '오래지 않은 과거'가 있다. 오래지 않았지만, 지금처럼 현대화되기 이전의 유형의 자산, 무형의 정서는 벌써 아득하게 느껴진다. 이러한 것을 기록하고 보전하지 않는다면, 우리가 기억하는 근대유, 무형의 자산도 미래 세대에게는 곧 잊힌 과거가 될 것이다. 예를 든다면 마을공동체의 합동 장례, 성황당 풍경, 각종 전통 놀이와 전래놀이 등.

이런 것들은 기록으로든 영상으로든 남기지 않는다면 돌아오지 않는 과거가 될 것이다. 그렇다면 왜 오래된 미래가 필요한가? 우리 사회가, 인류가, 미래에 지향하는 가치와 비전이 지나온 삶에 담겨있기에, '오래된 미래'는 지나온 과거를 통해 우리의 미래를 꿈꾸게 한다. 즉 과거의 가치를 미래에 되살리는 일이다.

우리에게 미래에 보고 싶은 '오래된 미래'가 있다. 오래지 않은 과거를 이제부터라도 세세히 기록하면서 놓쳤던 가치, 상실하고 있는 본연의 의미, 지속. 보전해야 할 미덕이 있다면 이를 잘 간직하면 좋겠다.

7.
시간에 대하여

- John Crowe Ransom. 「Blue Girls」
- Robinson Jeffers. 「To the Stone-Cutters」
- 마르셀 프루스트. 『잃어버린 시간을 찾아서
  (A la recherche du temps perdu)』
- D.H. Lawrence. 「Why the novel matters」.
『20th Century Literary Criticism』. Ed. David Lodge. Longman, 1972.

기독교와 불교의 시간관은 매우 다릅니다. 즉 기독교의 시간관이 '일직선적'이라면, 불교는 '원궤도적' 또는 '순환적'이라고 할 수 있습니다. 기독교에선 태초에 하나님에 의해 천지가 만들어지고 나서 예수께서 지상에 와 복음을 전함으로써 구원을 하며, 후에 예수의 재림으로 '최후의 심판'을 통해 시간의 흐름이 완성됩니다. 반면 불교의 시간관은 시작도 끝도 없이 순환하는 순환적 시간관입니다.

그렇지만 깊은 종교관이나 내세관을 논하기에는 필자의 지식이 일천하고 내공 또한 부족하므로, 몇몇 작가들의 특별하고도 재미난 시간관을 한번 살펴보려 합니다.

시계가 발명되지 않았던 시절, 사람들은 아주 평안한 삶을 살았던 게 틀림없다고 울리히 슈나벨(Ulrich Schnabel)은 말합니다(『휴식』, 174). 밤낮의 변화나 계절의 변화, 사냥과 추수도 자연적 리듬에 맞춰 생활했으므로, 시간은 정확하게 왔다가 돌이킬 수 없이 사라지는 것이 아닌 그저 평화로운 흐름으로서 사람들은 이 흐름에 맞춰 유연하고 너그럽게 살았을 것이라고 말입니다.

장석주 시인 또한 "시간은 실체가 아니고 상징이며 관념이다. 시간은 자연현상이 아니라 인공에 의한 문명현상으로서 인간의 집단의식에 깊은 뿌리를 내리고 있다."라고 말합니다. 그렇지만 우리는 '시간'이란 하나의 리듬이라는 것을 무의식중에 이해하고 있기에, 봄이 되면 겨울 동안 쌓였던 눈이 녹아 없어진다는 것을 알고 있습니다. 그리고 이내 꽃이 피며, 풀이 자랐다가 스러지고, 벌. 나비가 찾아들고, 가을이 돼서 철새들은 떠나고 낙엽이 지는 것을 자연스럽게 받아들입니다. 시간의 흐름이 우리의 눈과 가슴으로 감지되는 것이지요. 이를 장석주 시인은 "우리 안에서 시간은 들끓는다. 우리가 살아있는 게 아니라 시간이 살아있는 것이다."라고 멋지게 표현합니다. "삶이란 시간의 흐름에 얹힌 채 어디론가 흘러가는 것일 뿐이다."라고 말입니다.

그런데 오늘날 우리가 너무도 당연시하고 관습으로 받아들이는 시간의 개념이 바빌로니아 사람들 덕이라고 하는군요. 그들은 일주일을 7일로 나누고 각 요일에 (해. 달. 화성, 수성, 목성, 금성, 토성)의 이름을 붙였으며, 60진법에 기초해서 시간과 분을 각각 육십 개의 부분을 갖는 것으로 만들었다고 합니다. 그러고 보니 우리가 아는 시간 개념은 매우 자의적인 것 같습니다. 문명사회는 시간을 아주 절대적인 것으로 받아들였지만, 시간이란 실제로는 사회적 관습에 기반을 둔 '약속'인 셈입니다.

여러 작가가 시간을 어떻게 다루었는가를 살펴보는 것도 재미있을 듯합니다. 먼저 『채털리 부인의 사랑』으로 잘 알려진 로렌스는 인생을 술병에 비유합니다. 술 없는 인생이 가능할까요? 술은 인간에게 어떤 의미인가요? 도수가 높은 술이 있고, 농도가 얕은 술이 있고… 무수히 많은 술이 있지만, 누구나 와인 한 번은 마셔본 경험이 있을 것입니다. 지금은 전 세계의 다양한 와인을 유통점이나 전문 와인 숍에서 구할 수 있는 편리함이 있습니다. 맛있든 그렇지 않든 간에 와인을 다 마신 후에 병은 어떻게 하셨나요? 빈 병을 고이 간직한 경우는 극히 드물지 않을까요?

> 우리는 정신이나 영혼이나 지성이 우리 몸 안에 깃들어있는 존재라고 생각한다. 건장한 신체의 건강한 남자. 그런데 세월은 와인을 비우고, 종국엔 빈 병을 내던진다, 술병으로서의 우리 존재를.

> We think of ourselves as a body with a spirit or a soul or a mind in it. Mens sana in corpore sano. The years drink up the wine, and at last throw the bottle away, the body, of course, being the bottle.
>
> – D. H. Lawrence. 「Why the novel matters」

술을 가득 담았던 우리 인간은 시간이 지나면서 술을 다 내어주고는 종국에는 길 위에 내동댕이쳐진다는 것입니다. 로렌스는 우리의 생을 와인 병에 비유하고 있습니다. 우리가 무심히 마시고 휴지통에 내던지는 바로 그 와인 병이 바로 우리 인생이라는 것입니다. 실컷 퍼마시고 쓸모없게 된 술병은 발에 치여 길 이곳저곳에 굴러다니다가 금이 가고 깨져서 눈에서 사라집니다. 삶의 주관자 또는 주체를 시간이라고 볼 때, 인간의 삶은 달콤함 속에 용해되다가 그 단맛과 효용도가 다 떨어지고 나면 시간에 의해 폐기되고 마는 와인 병인 셈이지요. 이쯤 되면, 말 그대로 시간에 의해 삶은 농락당한다고 해도 과언이 아니겠지요. 이 문구를 처음 보았을 때, 전혀 생각지 못한 그런 발상을 할 수 있는 작가의 직관이 무척 부러웠습니다. 역시 천재 작가답구나, 라는 감탄을 금하지 못했으니까요.

인간과 시간의 관계는 사람이 나이가 들면서 그 관계가 역전됩니다. 늘 우위를 점했었다고 생각했는데 그마저도 착각이었던 것입니다. 모든 것을 알게 되었을 때, 어느덧 인생길엔 황혼이 깃들고 머리는 희끗희끗 변해있겠지요. 결국 시간을 이기는 길은 좀 더 지혜로워지는 것뿐인데, 그 대가로 인간은 시간을 내어주니, 인간은 시간에 대해서는 영원히 약자이고 패배자일 수밖에 없습니다. 인간은 시간에 농락당하고 있으니 말입니다. 로렌스의 이러한 비유는 단물만 빨아먹고 버리는 세태에 대한 시니컬함과 인간의 어리석음을 내포하고 있는듯합니다.

프랑스 작가인 마르셀 프루스트의 시간에 관한 생각도 독특합니다. 프루스트는 오직 시간 속에선 '과거'만이 의미를 갖는다는 독특한 문학관을 제시합니다. 『잃어버린 시간을 찾아서(*A la recherche du temps perdu*)』에서, 프루스트는 우리가 살고 있는 삶이란 아무런 의미가 없으며 단지 잃어버린 시간에 불과하다고 말합니다. 따라서 "의미 있는 삶이란 영원의 모습이며, 또한 예술의 모습을 통해서만 모든 것이 진정으로 고착되고 안정되는 것이다."라고 주장합니다.

그의 일생의 노력은, '잃어버린 인상을 기억에 의해서 재창조하고, (원숙기에 이른) 한 사람의 기억이라고 볼 수 있는 거대한 광맥을 채굴하여 이 회상을 예술작품으로 변용하는 것', 바로 그것이었습니다. 그러기에 그는 입체적 시간을 그리고자 하며, 잃어버린 시간을 찾는 것이 그의 유일한 의무라는 것을 깨닫습니다. 그의 예술 작업은 곧 '현재의 감각+과거의 기억'으로 이루어진 것이라고 할 수 있겠습니다.

이와 비슷한 시간관을 정태규 작가 또한 보여줍니다. "시간이란 비정한 것이다. 그것은 무자비하게 흘러간다. 우리의 모든 소망과 감정과 의지와 상관없이 그것은 한 치의 빈틈도 없이 무표정하게 흘러간다. 시간이 흘러간 뒤에 남는 것은 우리가 그 시간 속을 걸어왔던 모래밭 위의 발자국뿐이다. 우리는 늘 '지금 여기'의 시간을 잡고 싶어 하지만 그 실존의 순간은 늘 모래알처럼 손가락 사이로 빠져달아나버리고 우리가 늘상 들여다보는 것은 텅 빈 손바닥의 손금뿐이다."(『시간의 향기』, 137)

이것은 시간에 대한 허망함, 덧없음을 보여주는 것으로 생각되나, 그는 정작 중요한 것을 통해 시간에 대해서 반란을 꾀합니다. "우리의 기억은 시간에 반란을 꾀한다… 중략 … 우리를 변화시키는 것은 시간이 아니라 그 시간 속을 아프게 살아온 우리의 기억들이다."(138). 이것이 그가 아픈 기억에 대한 기록으로서의 소설을 옹호하는 이유입니다.

인간은 누구나 시간 속에서 늙어갈 수밖에 없습니다. 때로 한탄하고, 때론 원망하고, 아쉬움과 서운함이 있어도 시간의 흐름은 멈추지 않는 것입니다. 시간을 노래한 시인이 많겠으나 19세기의 미국 시인 랜섬(John C. Ransom)의 시를 한번 살펴보겠습니다.

푸른 처녀들

푸른 스커트를 펄럭이며 학교(學校)
탑(塔) 아래의 풀밭을 걸어가는 처녀들아
늙고 심술궂은 선생님 강의를 들으러가라
한마디도 믿질랑 말고.

하얀 끈으로 머리를 묶고
훗날일랑 생각지 마라
풀밭에 뛰놀며
지저귀는 파랑새처럼.

스러지기 전에, 푸른 처녀들아, 그 아름다움을 구가하라
나는 이 입술로 소리 높여 알리겠다
우리 힘을 다하여도 못 붙잡는 아름다움을
그처럼 덧없는 것을.

실화(實話) 하나 들려줄까.
내가 아는 입담 좋은 여자가 있단다
푸르던 눈은 흐릿해졌고
그 많던 재주도 녹슬어 버렸단다―하지만

어제까지는 너희들보다 예뻤단다.

Blue Girls

Twirling your blue skirts, travelling the sward
Under the towers of your seminary
Go listen to your teachers old and contrary
Without believing a word.

Tie the white fillets then about your hair
And think no more of what will come to pass
Than bluebirds that go waking on the grass
And chattering on the air.

Practice your beauty, blue girls, before it fail;
And I will cry with my loud lips and publish
Beauty which all our power shall never establish.
It is so frail.

For I could tell you a story which is true;

I know a lady with a terrible tongue,

Blear eye fallen from blue,

All her perfections tarnished-yet it is not long

Since she was lovelier than any of you.

- John C. Ransom

랜섬의 시에는 시간을 넘어서는 담담함과 위트가 보입니다. 특히 여성들의 경우 50대에 들어서면, 자식들은 키우던 새처럼 다 둥지를 떠나고, 남편과의 관계도 젊을 때 같지 않으며, 이런저런 이유로 삶의 활력을 잃는다고 합니다. 특히 지난 시절의 꽃 같던 청춘을 생각하면 그야말로 시간이 야속하기 그지없을 것 같습니다. 그래서 랜섬의 시는 그러한 야속함을 한방에 날려 보내는 시원함, 승화시키는 마음을 주지 않을까 생각합니다.

비슷한 시기의 또 다른 미국 시인 로빈슨 제퍼스 (Robinson Jeffers)의 시에는 인고의 시간을 견뎌내는 암석에 대한 엄숙함과 경외심이 드러납니다. 이는 단지 무생명의 존재인 바위에 대한 숭배가 아니라, 시간의 장구함으로 이루어진 무한과 억겁의 세월에 대한 경외심으로 생각됩니다.

석공에게

대리석에 시간을 새기며 싸우는

패배가 예정된 망각의 도전자인 석공들은

냉소를 먹는다. 바위는 갈라지고,

장고의 세월을 견디어 빛바랜 글자는 부서져 내리며

빗물에 닳는다는 것을 알기에.

시인 또한 조롱 속에 그의 일을 행하는 자;

인간은 사라지고, 생기 있던 대지는 죽어가며,

작열하던 태양은 죽어 시커멓게 꺼져가기 때문이다.

그러나 바위는 수천 년을 견뎌왔고,

깊은 생각들은 오랜 시에서 평화의 안식은 얻는다.

To the Stone-Cutters

Stone-cutters fighting time with marble, you foredefeated

Challengers of oblivion

Eat cynical earnings, knowing rocks splits, records fall down,

The square-limbed Roman letters

Scale in the thaws, wear in the rain.

The poet as well

Builds his monument mockingly;

For man will be blotted out, the blithe earth die, the

brave sun

Die blind and blacken to the heart:

Yet stones have stood for a thousand years, and

pained thoughts found

The honey of peace in poems.

- Robinson Jeffers

20세기 미국 IT의 전설이자 젊은이의 아이콘인 스티브 잡스(Steve Jobs). 그는 신제품을 내보일 때면 늘 청바지와 터틀넥을 입고 대중 앞에서 제품을 소개하고 시연하던 혁신의 대명사였습니다. 잡스는 시간을 대함에 있어, "세 개의 점을 연결하라."고 말합니다. 그에게 미래의 잡히지 않는 시간은, 시간의 일직선상에서 과거나 현재의 시간처럼 파악되고 타임머신을 탄 한순간으로 인식됩니다.

잡스는 스탠퍼드 대학 연설에서 자신의 삶을 '세 개의 점 잇기'로 표현했습니다. 출생과 입양으로 점철되는 첫 번째 '과거의 점'. 열정을 다해 창립했던 애플사를 빼앗겼던 상실과 다시 애플사 대표로 복귀한 두 번째 점. 그리고 마지막 세 번째 것으로서는, 죽음을 대하는 자연철학적 인식. 이 세 점을 연결하는 인생관을 보여줍니다.

특히 마지막 단계에서 그가 죽음에 관해 보여주는 인식은 제게 큰 감명을 줍니다. 그의 통찰이 탁월한 것은, 죽음을 새로운 생명체를 견인하는 '창조의 동인(動因)'으로 받아들이고 있다는 점입니다. 인간이면 누구나 암을 두려워하는데, 췌장암에 걸렸던 잡스는 암을 대함에 있어 위축되지 않고 자연스런 투쟁과 순응을 보여줍니다. 그는 죽음을 다음 세대가 꽃피고 번성할 수 있게 해주는 밑거름으로 보는 것입니다.

지금껏 살펴본 여러 '시간의 관점' 가운데, 가슴에 와닿고 공감하는 관점이 있다면 다소 도움이 되었으리라 생각합니다. 반대로 본인만의 어떤 새로운 관점을 갖게 되었다면 그것은 더욱 의미가 있으리라 생각합니다.

그 어느 것이 우리 각자에게 맞는 시간이든 간에, 한 해를 보내고 또 한해를 맞는 시점에 우리 모두 자신만의 온전한 시간을 가져보는 것, 진정 자신이 시간의 주인이 되는 것, 남의 시간이 아닌 나 자신의 시간을 살아가는 것, 이것을 실천해보면 좋을 것 같습니다.

8

나무를 찾아서

• 켄트 L. 알더쇼프. 「하나님만이 나무를 만드신다」.
『잘난 사람들의 잘난 생각(*Thinking on the Edge*)』.
리처드 A 카프닉 외(편저). 중앙미디어, 1996.

살다 보면 제법 기죽는 일을 만나기 마련이다. 처음엔 우둔한 내 탓이려니 했다. 한 권의 책을 읽고 나서 생기는 복잡다단한 생각들…. 서고를 빙빙 돌다가 빛바랜 책 한 권을 펼치게 되었다. 특이한 것은 이 책이 멘사(Mensa) 회원들의 여러 글을 한곳에 모아 놓았다는 것. 잘 알려진 바와 같이 멘사는 지능이 매우 높은 사람들이 가입하는 모임이다. 손에 잡은 것은 ISPE 심포지엄에 제출된 여러 우수 논문과 글을 모아 편집한 책이다. 그들이 쓴 글 중, 아주 묘한 글을 만나게 되었다.

이 글을 읽고 나서의 느낌은 매우 특이했다. 보통의 글과는 달리 주제도 잘 드러나지 않고, 제목과는 전혀 관련 없는 얘기를 하는 것 같기도 하고…. 만일 그렇다면 제목을 잘못 지은 것이 아닌가 하는 생각을 해보았다. 글을 읽어가면서 알 수 없는 미궁에 빠지는데…. 저자가 독자를 희롱하고 있는 것 아닌가, 아니면 내 지력이 책의 언덕을

오르는데 미치지 못하는 것 아닌가 하는 생각이 들면서
마음이 혼란해졌다.

사실 오랫동안 기억에서 잊혔던 이 책을 다시 생각해
낸 것은 뜨거운 한여름의 뙤약볕으로 인해서다. 강렬한 태
양을 피해 시원한 나무 그늘에서 쭉쭉 뻗은 나뭇가지를
보다가, 「하나님만이 나무를 만드신다」가 생각났다. 책을
읽고 수개월 지났는데도 '특별한 느낌'으로 남아있는 글이
니, 이 책에 관한 글 또한 색다르게 적어볼까 한다.

멘사 이야기

1946년 영국인 랜스 웨어 박사에 의해 멘사(Mensa)가
창립되었다. 그 목적은 높은 지능을 지닌 사람들이 서로를
쉽게 발견할 수 있도록 하자는 의도였다. 이 단체의 가입
요건은 백분위 수 98, 또는 그 이상의 지능지수를 실증해
야 한다. 즉 가입자는 일반적 지능을 구현하면서 인구 상
위 2% 안에 들어야 한다. 현재 멘사는 전 세계적인 조직
으로서 10만 명 이상의 회원을 확보하고 있다.

멘사의 성공 덕분에 다른 십여 개의 고지능 조직체가
생겨났다. 이 중에는 ISPE, Triple 9, Prometheus, Mega
등이 있는데, 일반적 지적 기능이 백분위 수 99 또는 그
이상의 '지능군단'으로 이루어졌다.

협회	등가 백분위	등가 최소 IQ
Mensa	98.0000	132
Intertel	99.0000	138
ISPE	99.9000	150
Triple 9	99.9000	150
Prometheus	99.9970	164
Mega	99.9999	170

ISPE는 회원들이 높은 성취를 달성하도록 동기를 유발하기 위해 연구, 발견, 사색이 포함된 논문 제출을 요청하였다. 그 결과 1992년 ISPE 심포지엄에 제출된 최우수 논문을 모아 한 권의 책으로 만든 것이 바로 *Thinking on the Edge*이다. 국내에는 『잘난 사람들의 잘난 생각』으로 번역되어 소개되었는데, '첨단의 사고' 내지는 '창의적 사고'로 번역했더라면 더 좋았을 것이라고 생각한다. 51개의 글 중 켄트 L. 알더쇼프의 「하나님만이 나무를 만드신다」를 흥미있게 읽어보았다.

책 내용을 간추려 본다. 최초로 유전자를 결합한 네 명의 아이가 태어났다. 이를 주도한 마로우(영어의 투마로우를 연상시키는 '마로우'는 미래를 의미한다) 박사는 관찰을 계속

한다. 그는 보고서에 출산 후 어떤 아기도 질병을 앓지 않는다고 기록한다. 별반 다를 것이 없지만, 약간 특이한 사항이 나온다. "유전적 결합이 계획대로 이루어진 네 명의 아기는 모두 안정적으로 44개의 염색체 세포 구조로 되어있다. 두 개가 결합한 염색체는 두 쌍을 이룬 네 단위가 결합한 길이와 대체로 같다…"

인간은 46개의 염색체를 가지고 있다. 긴 이중 나선형의 DNA가 인간 개체의 유전적 특성과 구조를 특징짓는 신체의 설계도. 하등 동물 중에 더 많은 염색체를 가지고 있는 개체도 있으나 고리는 더 짧다. 결국, 유전학의 주요 관심사는, 염색체를 변형시켜서 비슷하지만 전혀 다른 종의 개체를 어떻게 만들 수 있는가 하는 것이다.

마로우 박사 일행은 뛰어난 과학적 성취에 뿌듯해하며, 지속적인 관찰과 실험을 해간다. 아이들은 엄밀히 말하면 고아들이다. 여러 익명 기증자들의 정자와 난자를 물리적, 화학적으로 처리하면서 온도와 방사선으로 변형시켜 탄생했기 때문이다. 아이들의 유전자는 어떤 사람의 유전자와도 일치하지 않는다. 그러므로 아이들은 유일무이한 존재들이다. 유사 인간으로서 새 종이라고 할 수 있는 것이다.

박사팀의 연구는 일급비밀이어서 외부와 철저히 단절되어있다. 실험이 실패하면 그 파장이 너무도 클 것이다.

정치적 위험도 너무 크고, 성공하더라도 아이들이 가진 특이함이나 특정 기능이 외부로 알려지면 엄청난 쟁점이 될 것이었다. 그래서 이 연구는 네바다 사막의 외진 무기 저장고 옆에서 철통같은 보안 속에 진행되었다.

네 명의 아기는 2층 육아실에서 곤히 잠을 자고 있다. 박사팀은 생화학적 조작으로 염색체를 결합할 수 있는지를 실증하였으며, 염색체를 변형시킨 난자를 통해 유아를 출생하는 것이 가능한지를 밝혀냈다. 이것은 대단한 성과였다. 이후에 박사는 특이한 것을 기록한다. "X선과 NMR(핵자기공명) 검사에서 거의 모든 기관이 정상적인 것으로 판명되었지만, 통상 206개가 아닌 212개의 뼈가 존재한다. 어깨뼈는 기형으로 퇴화하였거나, 미완성된 부차적 팔이 존재한다."

네 명의 아이들 모두 양쪽에 어깨가 있었다. 다만, 약간 낮은 곳에 위쪽 팔뼈와 비슷하지만, 손목뼈가 없는 뼈가 하나씩 붙어있었다. 간호사들은 이것을 '잉여의 팔'이라고 불렀는데, 아기들이 깨어있을 때 팔다리를 세차게 흔들어대는 것과는 달리 잉여의 팔은 움직이지 않았다. 아기들은 잉여의 팔을 깔고서 잠을 자곤 했다.

아이들은 무럭무럭 컸다. 유년기를 지나며 이상한 점을 보이지는 않았다. 그런데 열 살을 넘기면서 모두 우울

하고 침울해했다. 그러던 중 어느 밤에 큰 변화가 일어났다. 아이들에게서 갑자기 날개가 한 쌍씩 돋아났다. 잉여의 팔이 짓무르더니 살갗에 깃이 돋기 시작한 것이다. 몇 주 만에 아이들 머리 위로 날개가 치솟아 땅에 닿도록 치렁치렁 자라났다.

박사와 연구진은 당황하였고, 긴급히 경과를 보고하였다. 아무리 관찰하고 분석해도 명확한 답을 낼 수 없었다. 의회에 보고가 되었고 급기야 의회 시찰단, 군 시찰단이 극비리에 방문하여 진상조사를 했다. 이제 아이들은 자기들만의 언어로 소통하고, 윙윙거리는 이상한 소리를 내었다. 아이들은 나는 것을 배우고, 자주 날아올라 레이더로 탐지되지 않는 여행을 하곤 돌아왔다. 더는 통제가 안 되는 듯했다.

상부에서 아이들을 통제하라는 명령이 하달됐다. "아이들을 통제하시오. 애들이 사라지면 어디서 어떤 일이 발생할지 모르니 반드시 통제하시오." 아이들이 비밀기지를 이탈하는 일이 자주 발생하자 통제는 더욱 강화되었다. 박사와 연구진들이 모르는 사이에 국가상황실에 보고가 들어간 듯했다. 정책 결정자들이 움직이기 시작했다.

어느 날 미 북부에 소재한 모 공군기지에서 방어용 폭격기 한 대가 훈련 비행을 위해 이륙했다. 조종사는 훈련용 공대지 유도탄을 발사해 훈련 성과를 보고하기로 되어 있었다. 그날 조종사도 모르게 이 비행기에 장착된 유도탄은 훈련용이 아니라 핵탄두가 탑재된 가공할 실전 유도탄이었다. 또 한 대의 전투기가 중부 기지에서 발진해서 무인 비행기를 격추하라는 명령을 받았다. 긴급 발진한 전투기는, 성공리에 임무를 마치고 귀환하던 폭격기를 격추했다. 하지만, 본대로 귀환하던 그 전투기 또한 착륙사고로 폭발하였다.

그날 저녁 네바다 사막에서 폭발사고가 있었다는 뉴스가 짧게 보도되었다. 군사적 보안 사항이라 상세한 내용은 보도되지 않았다. 이 사고로 네 명의 날개 달린 아이들과 마로우 박사, 그리고 박사의 연구진 657명이 비밀리에 생을 달리했다.

마로우 박사는 천국의 문을 통과해 들어가서 새내기 천사가 되었다. 그는 우울했지만, 구원받은 것이 매우 기뻤다. 환영식에 참석한 뒤 대천사에게로 갔다. 그리고 자신의 과거와 천국 입국 경위에 관해 얘기하고, 궁금한 것을 질문했다. 대천사는 친절하고 상세하게 답해주었다. "박사의 실험은 매우 흥미로웠소. 그대가 만든 네 아이도 구원해서 재생시켰소. 이제 그들도 그대처럼 완전히 성숙한 진짜 천사가 되었소. 곧 다른 661명의 천사와 합류하게 될 것이오."

갑자기 이승을 떠나 천국에 온 박사는 혼란스러웠다. "그대와 같은 천사라니요?" 대천사가 답하였다. "그대는 훌륭했소. 박사는 우리가 노새 천사라고 부르는 것을 만들었던 것이오. 진짜 천사는 염색체가 42개라오."

책은 내용은 이상과 같이 요약된다. 묘한 느낌으로 읽던 책이 끝났다. 네바다 사막의 비밀 과학연구단지와 600여 명의 거주자가 사라진 것으로, 알더쇼프의 「하나님만이 나무를 만드신다」는 끝이 난다. 책을 덮고 나니, '나무'라는 말은 없었다. 「하나님만이 나무를 만드신다」는 글에 나무는 없다. 다시 책을 덮는다…. 그리고, 나무는 책 밖에 있었다.

'나무'라는 말이 나오지 않는 책. 이 책을 읽고 '나무'를 찾는데 제법 긴 시간을 보냈다. 책을 직접 읽어보면 더 흥미롭거나, 또는 그렇지 않을 수도 있겠다. 이 글을 접하고 난 독자의 느낌은 어떨지 궁금하다. 감흥이 있다면, 아마도 '나무'를 발견하지 않았을까 싶다.

9

눈 내리는 날의 행복

- 백석. 「나와 나타샤와 당나귀」
- 김춘수. 「샤갈의 마을에 내리는 눈」
- 로버트 프로스트. 「눈 내리는 저녁 숲 가에 서서」

온난화로 인해서일까요, 최근에는 눈 내리는 날이 부쩍 줄어들었습니다. 눈길을 걸을 기회도 없고, 함박눈을 펑펑 맞던 일은 오래전 기억으로만 남습니다. 오늘 오랜만에 제법 눈이 내리니, 생각은 타임머신을 타고 기억을 거슬러 오릅니다.

작년 봄쯤 동계 올림픽이 열렸던 평창을 지날 일이 있었습니다. 오래전 영동 고속도로를 자주 오갔던 일이 있었지만, 정작 올림픽이 열렸던 평창에 들린 적은 없어서인지, 이곳으로부터 다른 지역으로 넘어가는 도로는 낯설기만 했습니다. 지역 주민에게 물어보면서 어느 국도를 따라가니 작은 마을에 이르게 되는군요.

'안흥찐빵'으로 알려진 바로 횡성군의 '안흥'입니다. 이곳은 우리나라의 50년대와 60년대 공동체의 삶이 느껴지는 아주 작은 마을입니다. 마을로 들어가는 길을 따라 다리를 건너면 공공기관인 우체국이 하나 있고, 조그만 농협에, 중국집도 보입니다. 또 오래된 간판을 이고 있는 칼국수 집도 있고, 주민행정센터도 하나 있습니다. 어떻게 보면 옛 서부극 「OK 목장의 결투」에 나오는 듯한 아기자기한 마을입니다.

특별한 것은 이 작은 마을이 찐빵 하나로 전국에 알려졌다는 것입니다. 저도 그 소문에 이끌려 그곳에서 찐빵을 먹고 또 사가기도 했습니다. 예전 생각이 나서 그 빵집에 들르게 되었습니다. 마을 중간쯤 위치한 오래된 가게를 찾았습니다. 예전의 그 가게가 분명한데, 건물 안의 구조가 낯설게 느껴졌습니다. 또한, 주인 되는 아주머니, 아니 이젠 머리 희끗희끗한 할머니가 되셨을 텐데…. 그 할머니는 보이질 않으니, 순간 무언가 달라졌다고 생각하게 되었습니다. 나중에 알게 된 일이지만 원래 주인이었던 그 할머니는 다리 건너서, 마을을 빠져나올 즈음에 있는 국도변의 조그만 가게에 빵집을 새로 차렸습니다.

다시금 느끼게 되었습니다. 인간 사이의 관계, 그리고 따뜻한 작은 마을공동체도 결국 '돈'이란 괴물 앞에서 맥을 못 추고, 금이 가고 파열될 수밖에 없다는 생각에 마음이 쓸쓸해졌습니다. 저는 따뜻한 찐빵을 하나 뜯어 먹으며, 옛 추억을 되새겼습니다. 잠시나마 그 기억으로 마음이 따뜻해지며, 다음엔 눈 내리는 겨울에 다시 찾겠노라는 다짐을 했습니다. 그때엔 김이 서린 창밖으로 펑펑 내리는 눈을 보며, "김이 모락모락 나는 찐빵을 먹겠노라."라고 다짐하며 가게를 나섰습니다.

이렇게 먹는 생각만 해도 마음이 따스해지는데, 오래전 미국 개척기를 생각하면 인간의 삶이 얼마나 고달프고 안쓰러우며, 또한 동시에 강인한가를 생각하게 됩니다. 미국을 건국한 시점은 개척민들이 메이플라워호를 타고 미 대륙에 첫발을 내디딘 시점을 기원으로 하면, 대략 400년입니다. 미국사(美國史)에 따르면, 미개척 초기 이민자의 절반 이상이 추위와 배고픔을 이기지 못하고 일 년 이내에 사망했다고 합니다. 다시 한 해가 가고 또 겨울이 오면, 그만큼의 인원이 반감되는 것입니다. 그들의 당면과제는 아마도 '눈 오는 날의 생존'이었을 겁니다. 지상의 모든 먹을 것을 뒤덮고 궁극의 고난으로 다가왔던 눈이 어느덧 문명 세계에선 낭만으로 다가오니, 오늘날 '눈'은 '첫눈 오는 날'의 약속, 추억, 낭만이 되어 현대인은 함박눈이 내리는 것만으로도 행복합니다.

눈이 푹푹 오는 날, 눈의 세계로 푹 빠져들고 싶은 생각은 옛날이나 지금이나 한결같습니다. 일본의 노벨문학상 수상 작가인 가와바다 야스나리도 『설국』에서 멋진 눈 오는 날의 추억을 그려냈고, 프로스트의 시에서는 "숲은 그윽하며 어둡고 깊지만."이란 구절을 떠올리게 됩니다.

　한국 시인 중에 눈(雪) 하면 떠오르는 시인이 있습니다. 백석 시인의 '나와 나타샤와 당나귀'는 우리를 깊은 설국 (雪國)으로 떠나게 만드는 마력을 갖고 있습니다.

　가난한 내가

　아름다운 나타샤를 사랑해서

　오늘밤은 푹푹 눈이 나린다

　나타샤를 사랑은 하고

　눈은 푹푹 날리고

　나는 혼자 쓸쓸히 앉아 소주를 마신다

소주를 마시며 생각한다

나타샤와 나는

눈이 푹푹 쌓이는 밤 흰 당나귀 타고

산골로 가자 출출이 우는 깊은 산골로 가 마가리에 살자

눈은 푹푹 나리고

나는 나타샤를 생각하고

나타샤가 아니올 리 없다

언제 벌써 내 속에 고조곤히 와 이야기한다

산골로 가는 것은 세상한테 지는 것이 아니다

세상 같은 건 더러워 버리는 것이다

눈은 푹푹 나리고

아름다운 나타샤는 나를 사랑하고

어데서 흰 당나귀도 오늘밤이 좋아서 응앙응앙 울을 것이다

– 백석, 「나와 나타샤와 흰 당나귀」 전문

백석뿐 아니라 김춘수 시인의 시도 '눈'을 배경으로 하고 있지요. 호반의 도시 춘천에는 명동으로 가는 길목의 한 건물 2층에 '샤갈의 마을에 내리는 눈'이란 카페가 있

었습니다. 눈 오는 날 왠지 '샤갈의 마을'에 들르고 싶었던 마음이 단지 상혼(상술)에 미혹되어서인지, 아니면 본디 마음속 깊은 곳에 있던 낭만적 감성이 깨어나서인지는 알 수 없지만, 카페를 마주한 건널목에 서서 파란불이 들어올 때까지 기다리는 동안, 카페(샤갈의 마을에 내리는 눈)는 "어서 오세요, 이곳으로 오세요." 하며 손짓을 하는 것만 같았습니다.

샤갈의 마을에는 三月에 눈이 온다.

봄을 바라고 섰는 사나이의 관자놀이에

새로 돋은 靜脈이

바르르 떤다.

바르르 떠는 사나이의 관자놀이에

새로 돋은 靜脈을 어루만지며

눈은 수천 수만의 날개를 달고

하늘에서 내려와 샤갈의 마을의

지붕과 굴뚝을 덮는다.

三月에 눈이 오면

샤갈의 마을의 쥐똥만한 겨울 열매들은

다시 올리브빛으로 물이 들고

밤에 아낙들은

그해의 제일 아름다운 불을

아궁이에 지핀다.

– 김춘수, 「샤갈의 마을에 내리는 눈」 전문

　발갛게 타오르는 장작불이 낭만적일 뿐만 아니라 식욕을 자극합니다. 몇 년 전 가장 인기 있는 겨울 간식거리가 '군고구마'라는 뉴스 보도가 있었습니다. 눈이 펑펑 쏟아지는 날, 따뜻한 아랫목에 앉아 노랗게 익은 군고구마를 까먹는다든가, 어린 시절을 시골에서 보낸 사람이라면-딱딱, 소리를 내며 부러지는 솔가지를 아궁이에 넣으며 맡던 매캐한 연기와 짙은 솔향을 기억할 것입니다. 시뻘건 아궁이에 불을 지피며 언 손을 온기에 녹이던 일이 잊히질 않습니다. 이런 추억을 되새기며 훈훈한 장면을 그려보니, 행복은 결코 먼 곳에 있지 않은 것 같습니다. 눈 오는 날, 프로스트의 시를 떠올리며 잠시 행복한 시간을 가져봅니다.

　산들바람에 실려 눈 내리는 소리뿐.

　숲은 그윽하며 어둡고 깊지만

　내겐 지켜야 할 약속이 있다,

　그리고 가야 할 길이 있다, 잠들기 전에

　가야 할 길이 있다, 잠들기 전에.

The only other sound's the sweep

Of easy wind and downy flake.

The woods are lovely, dark and deep

But I have promises to keep,

And miles to go before I sleep,

And miles to go before I sleep.

– 로버트 프로스트, 「눈 내리는 저녁 숲가에 서서」 부분

눈 내리는 날,

기다림이 있는 당신은

그리움이 있는 당신은

행복한 사람입니다!

10 .
'인생사용설명서'를 팝니다

• 김홍신. 『인생사용설명서』. 해냄, 2009.

하나뿐인 인생. 어떻게 잘 살 수 있을까요? 잘 사는 방

법을 알려주는 '인생사용설명서'가 있으면 좋겠습니다. 저는 글을 쓸 때면, 내용을 형식에 잘 담는 방법이 무엇일까 늘 고민합니다. 마찬가지로 우리 삶 또한 내용과 형식의 측면에서 살펴볼 수 있을 것 같은데요, 그런 점에서 '인생사용설명서'는 정신(가치)을 육신이라는 형식에 어떻게 반영할 것인가 하는 고민이라고 해도 될 것 같습니다. 육신은 길어야 백 년을 채우지 못하고, 또 정신은 광야를 수시로 방황하니, 요긴하게 사용할 '인생사용설명서'가 절실해집니다.

오래전 친한 선배께서 "나이 사십을 넘으면 삶의 한고비를 넘는 것이니, 장수할 수 있는 발판을 마련한 것이다."라는 얘기를 했습니다. 생각해보니 사람은 대개 자신의 육신을 팔십 년 정도 사용하다가 반납하게 됩니다. 그러니 대략 반을 넘기는 시점부터는 자기 몸을 얼마나 잘 관리하는가가 장수의 관건이 되는 셈입니다.

삶이란 다양한 것이어서, 엄밀히 말한다면 그 어떤 삶도 같을 수 없다는 점에서, 개인의 삶은 매우 개별적이고 유일무이한 것입니다. 그렇다고 해서 각 개인의 삶이 지나치게 자기중심적이고 무한정 자유분방하다면 사회질서는 유지될 수 없겠지요. 그런데 자세히 보면 우리의 사회적 가치가 물질과 자본에 지나치게 집중되는 경향이 있습니다. 개념상 가치 있지만, 실천이 어려운 마을공동체 의식, 생태계와 지구 온난화에 대한 인식, 세계시민연대 등의 가치, 특히 공공성의 가치는 개인의 일상과 다소 거리가 있다는 느낌이 듭니다. 소시민의 일상은 그저 재산증식, 절세, 쇼핑과 건강, 웰빙 등의 울타리를 크게 벗어나지 않는 것으로 보입니다.

그런 점에서 일생을 의미 있고 가치 있게 보낼 수 있는 가이드라인을 제시하고 관련 노하우를 알려주는 '인생사용설명서'가 있다면 좋겠다는 생각이 듭니다. 인생 후반기에 이런 지침서를 만난다면 좀 더 일찍 알았더라면 하는 아쉬움을 가질 수 있고, 앞날이 창창한 청년이 이러한 사용법을 일찍 접한다면 정말 득이 될 것입니다. 그러니 이런 '인생사용설명서'를 시판한다면 정말 불티나게 팔릴 것 같습니다.

한번 사보시겠습니까? 그런데 놀랍게도 『인생사용설명서』를 실제로 팔고 있었습니다. 저는…. 잠시 빌렸습니다. 평소 독서를 즐기는 지인을 방문했는데 그의 책상 위에 있던 김홍신 작가의 책이 눈에 들어왔습니다. '인생사용설명서'라는 말이 재미있어서 책을 손에 집어 들고 읽다가 결국 빌리게 되었습니다.

책은 삶을 위한 일곱 가지 물음에 작가가 답하는 형식

으로 되어있습니다. '당신은 누구십니까' '왜 사십니까' '지금 괴로운 이유는 무엇입니까' 등 일곱 개의 장으로 구성되어 있는데, 그중 '인간의 향기'라는 글을 저는 재미있게 읽었습니다. 김홍신 작가는 무엇보다 '영혼의 향'을 얘기하고 있습니다. 향수 말고, 장미꽃 말고, 눈에 보이지 않는 향, 즉 인간이 만들어내는 향이 중요하다고 말합니다. 그리고 그 향은 오직 '영혼의 향'을 간직한 사람만이 알아볼 수 있다는 것입니다. 자신의 몸에서 악취가 나면 다른 향을 느낄 수 없는 것과 마찬가지로 자신의 영혼이 깨끗하지 않으면 다른 영혼의 향기를 맡을 수 없기 때문입니다.

'인생사용설명서'를 한번 사용해보시겠습니까? 자신 있는 분이라면 '자신의 인생사용설명서'를 한번 권해도 좋을 것 같습니다. 인간의 삶을 가시적인 것과 비가시적인 것으로 구분할 때, 우리 대부분이 먹고사는 것과 동산, 부동산, 명예, 권력 등 가시적인 것을 추구하는데 삶을 집중하고 소비하고 있습니다. 그러니 삶에 균형을 잡기 위해서라도 이 '인생사용설명서'를 한번 사용하면 좋을 것입니다.

한 가지 분명한 것은, 다양한 삶의 양상에 절대적으로 적용할 '인생사용법'은 없다는 것입니다. 보편적이지만 보편적이지 않아야 할 삶을 살아가야 한다는 것이 참 까다롭습니다. 삶의 한 축에서 보편성을 띠고, 다른 한 축에서 자신만의 개성적이고 독창적인 삶을 살 수 있다면 참 바람직할 것입니다. '인생사용설명서'에 대해 이런저런 생각을 하다 보니 밤이 깊어가네요. 꿈속에서 '사용설명서'에 대한 답을 마저 작성해야 할 것 같습니다.

Ⅳ.

사랑의
마음

1

목련을 위하여

꽃이 만개하는 계절. 꽃이 피니 마음이 화사해진다. 지는 꽃을 보니 마음이 애잔하다. 김춘수 시인의 '꽃'처럼, 이 봄 마음에 꽃을 가져와 심고 피운다.

봄에 하고 싶은 일, 봄이면 하게 되는 일. 창밖의 목련을 보며 베토벤의 피아노 소나타 「비창」을 듣는다. 바람 속을 노니는 백의(白衣)의 존재. 피아노 선율을 타고 하얗게 내려앉는 나비들. 두런두런 마음을 던지는 목련에게 「비창」을 보낸다.

책의 한 구절이 뇌리를 스쳐 갔다. "국화는 은자의 꽃, 모란은 부귀의 꽃, 그리고 연꽃은 군자의 꽃." 진흙 속에서 피어나지만, 티 한 점 없이 맑고 깨끗하며, 주변과 엉클어짐이나 허튼 섞임을 하지 않는 고고함 속에서 필자는 군자의 기상을 보았을 것이다. 목련의 꽃말을 생각해본다.

찬바람 잦아들던 날 봉오리가 소담스레 부풀더니, 하얗고 지순한 자태로 한 시절을 보내다가 이내 큰 잎을 툭툭 떨어뜨리는 목련. '영화롭던' 짧은 시간을 구름처럼 보내고 여린 바람에 조금씩 무게를 덜어간다. 절정의 순간에서 순응하여 비우고 떠나는 숭고함이 있기에, 그 떠남이 애잔

하다.

당신의 떠남처럼, 화사한 봄에 떠나는 영령처럼, 목련은 지고 잊힐 것이다. 푸른 잔디에 누워 영화로웠던 즐거움을 기억하며 다음 봄을 기약할 것이다. 목련을 위한 선율.

살아있는 모든 것과

떠나는 모든 것을 향한 목련의 인사.

「비창」 2악장이 끝나는 시간

2.

ㅅ을 품다

한글을 언제 익혔는지 기억이 나질 않는다. 아마도 취학 전이거나, 학교에 입학했을 적이겠지 하는 짐작만 할 뿐. 자음을 익힌 이후 ㅅ을 바라보는 일이 드물어졌다. 어떤 일에서건 눈에 띄고 기억에 남기 위해선 앞쪽에 있거나, 순위에 있어서 상위여야 하기 때문이다. 우연의 일치일지 모르지만, 말 그대로 ㄱ(기역)처럼 맨 앞에 위치에 있어야 기억하기 쉽다. 그러니 자음 순서에서 반을 지나 한참 뒤에 있는 ㅅ을 만나는 일은 인내심이 필요한 일이다.

그런데 ㅅ은 생각보다 일상에 깊이 관련되어있다. 이미 모두의 삶에 깊이 개입한 ㅅ. 이 자음이 만들어내는 글자인 사람, 삶, 사랑, 생각 등은 너무도 인간적이며 삶의 바탕인 인문(人文)을 그려내고 있다. 그래서 ㅅ은 가장 시리면서도 가장 아름다운 글자가 된다.

빌딩 숲을 바라보며 'ㅅ' 시옷이라고 발음한다. 한 걸음 내디디며 '시옷'이라고 크게 외쳐본다. 왠지 시름하고 시린 마음을 감출 수 없다. 낙엽이 수북이 쌓인 거리에선 한없이 뒹구는 은행잎을 보며 '시월'이라고 되뇌어본다. 이 계절에 ㅅ은 가장 잘 어울리는 글자로 다가온다. 십일월, 십이월 꼬박 일 년이 다하기까지, 그러니 ㅅ은 철 만난 계절이다.

온기가 적은 계절이다 보니 마음이 가난해지는 것만 같다. 그 가난을 통해 생각은 가장 낮고 깊은 곳으로 다가간다. 자연 만물이 모든 것을 접고 최소한의 것만 남길 때 마음은 가난한 풍요를 누린다. 가난할 때만 보이는 것들, 가난해서만 얻을 수 있는 것, 가난하기에 나눠줄 수 있는 것들을. 그래서 시인은 몹시 가난해서 가장 많이 나눠줄 수 있는 사람이다.

풍요로운 시대의 가난한 존재, 안락한 시대에 '마음 시린' 존재, 그들은 누구인가. 손수 성긴 시옷을 만들어 걸친 사람들. 오늘 시의 옷을 걸치고, 그들은 거리와 아파트에서, 역에서, 공항에서 그리고 슈퍼마켓에서 발걸음을 옮긴다. 하지만 엄청나게 많아진 시인들은 무얼 뜻하는가. 『시옷의 세계』에서 만난 시인은, "시인이 가난한 것은 한 사회 안에 시인이 너무 많기 때문이다. 시인이 너무 많은 것은 세상이 너무 병들었고 제도가 너무 지긋지긋하게 갑갑하기 때문이다."(김소연, 「시인으로 산다는 것」, 208)라고 말한다.

그녀는 시인은 '가난을 선택한 사람'이라고도 말한다. 이 세상 어느 누가 가난이 좋아서 부유함을 마다하고 가난을 선택하겠는가. 결국, 시를 통한 욕망의 구현이며, 다른 방식으로 잘 살기 위한 처절한 몸부림이며, 풍요로워지기 위한 불가피한 가난한 선택이 아닌가. 그래서 그녀는 시의 욕망이 그렇기 때문에, "가난한 시인일수록 좋은 시를 쓸 확률이 높다. 윤택한 아파트에서 쓰인 시, 그림 같은 전원주택에서 쓰인 시는 생명이 깃들어있지 않다…. 그래서 시인은 명성을 쌓을수록, 나이가 들어 안정될수록 점점 나태해진다."라고 말한다. 물질적 풍요가 시심을 반감시키는 숙명적 아이러니를 배태하고, 시인은 가난을 밑천으로 씨를 뿌리고, '시 나무'를 키워 풍요로운 열매를 나눠준다.

고대로부터 시인은 '신의 대리인'. 자연은 신의 형상을 띄고, 신의 의지를 반영하므로, 자연을 노래하는 시인은 신의 마음을 인간세계에 전달하는 메신저이다. 낭만주의 시인인 워즈워스, 바이런, 셸 리, 키츠 모두 자연을 노래함으로써 대중의 마음에 안식과 평안을 제공해왔다. 오늘날의 많은 시인 또한 시를 통해 인간의 마음을 풍요롭고 평안하게, 또 행복하고 가슴 시리게 해왔다.

가장 인간적인 자음 ㅅ(시옷). 그래서 발음할 때마다 마음은 시리고, 자꾸만 '시옷'을 떠올리게 된다. 거리에 떠도는, 시대 속에서 방황하는, 버림받은, 천대받고 잊혀가는 시에게 옷을 입혀주고 싶다. '시옷'. 그리고 그 따스함이 시인에게 전해지도록 하고 싶다. 거대한 자본, 생명이 고갈된 물질의 견고한 성, 그리고 기만과 왜곡의 마스크로 가려진 진실과 싸우는 시인들. 지난(至難)한 투쟁을 해가는 그들, 힘겹게 온 힘을 다할 그들이, '시옷'의 갑옷을 두르고, 격렬하고 처절하게, 장렬하고 아름답게 전쟁을 수행하도록 시옷을 주고 싶다.

그 시의 전사들이 시린 투쟁을 통해 사람 사는 세상의 공동체를 건설하게 해주고 싶다. ㅅ의 소원을 빌어본다. ㅅ이 만들어내는 또 다른 글자, '소원'. 하나의 열망과 또 하나의 열망이 만나서, 그 열망이 펄펄 내리는 눈바람 속에 눈사람처럼 자꾸만 자꾸만 커가는 '소원'을 꿈꾼다. '위태로운 시대, 위태롭게 위태로운 일'을 해가는 시인에게 소망을 빈다. ㅅ을 품는다.

3.

바람의 언덕

세상을 가르는 것은 매미였습니다. 매미들은 숲과 나무 그늘에 몸을 숨기고 세상이 떠나갈 듯 울어댔고, 칠흑같은 밤엔 쥐죽은 듯 깊은 잠을 잤습니다. 동산의 구릉(丘陵)을 벗어나면 안, 밖으로 향하는 언덕길엔 태양이 이글거리며 살갗을 파고듭니다. 구릉의 공지(空地)엔 아름드리 나무가 만들어내는 두꺼운 그늘이 있지만, 그곳을 벗어나 마을 안과 밖으로 향하는 내리막길엔 지면의 열기가 몸을 휘어 감습니다. 동산은 그늘이 만들어내는 작은 천국과 지옥의 교차점이었습니다.

그늘 속에서도 매미는 왜 그토록 죽어라 우는 것일까요? 한철을 구가하면서도 덧없는 울음은 보이지 않는 경계선입니다. 공지(空地)엔 밤나무들의 긴 가지와 무성한 잎이 커다란 그늘을 만들고, 그곳에 사람과 짐승과 벌레가 모두 모여 한여름 더위를 삭입니다. 동산의 쉼터는 적막함과 인기척이 뒤섞이고, 이별의 눈물과 재회의 약속, 그리고 간절한 기다림과 그리움이 혼재하는 곳이었습니다.

동구 밖은 조용합니다. 앞마을로 내려가는 비탈길엔 한낮의 햇볕이 작열하고 야트막한 언덕 위에선 눈을 조금만 들면 짙푸른 벼와 진갈색 논둑이 보입니다. 버드나무는 여인처럼 바람에 연푸른 잎을 휘날리고, 녹음(綠陰) 어디에선가 매미의 구애가 한창입니다. 강렬한 햇빛, 숨 막히는 열기, 그리고 굴절을 모르는 매미 소리로 그때쯤이면 무시간의 깊은 공동으로 빨려 들어가곤 했습니다.

산골의 단조로운 일상처럼 단조롭고 지루한 방학이 끝날 때쯤, 동산에 서서 어머니 생각을 했던 것 같습니다. 왠지 알 수 없지만, 노을 질 무렵 언덕에 서면 막연한 허전함과 그리움이 밀려오곤 했습니다. 산으로 둘러 에인 골을 굽이굽이 따라가다가 마지막에 이르는 곳. 그래서 지명이 '골말'이라 불리는 그곳에 작은 마을이 있습니다. 옹기종기 모여있는 대여섯 채의 집이 민모습을 드러내고, 동산 비탈면을 따라 또 몇 채가 서있습니다. 경사는 심하지 않았으나 어린 나이에 그 비탈을 자주 오르기엔 버거웠지요.

다만 바람은 자유롭게 그곳을 오르내리며 한여름을 즐

겼습니다. 머물지 않고 자유로웠습니다. 동산 밤나무 그늘의 깊고 그윽한 바람. 오늘같이 뜨거운 열기가 몸을 휘감는 날엔, 허전하면서도 막연한 기다림이 있던 그 언덕에 다시 오르고 싶어집니다… 기다림의 이유는, 집이 그리워진 아이를 데리러 올 어머니의 발길을 기다린 마음이었을 겁니다.

그때의 그 바람을 맞을 수는 없겠지만, 동산 지척(咫尺)에 조부모가 잠들어 계신, 그리고 지금은 어머니가 계신 선산(先山)이 보입니다. 그 산에 서면 바람의 언덕을 품고 있는 동산이 한눈에 들어옵니다. 아기자기한 예쁜 동산이 손안에 들어올 듯합니다. 누군가는 시집가는 누이를 보내며 그리워했을, 누군가는 도회(都會)로 취직하러 가는 자식을 보내며 눈물짓고, 누군가는 뜸부기 우는 저녁에 장에 간 오라비가 비단 구두를 안고 돌아오길 기다렸을 언덕에 바람이 찾아듭니다.

이제 그 동산을 내려다보며 선산의 어머니가 제 발길을 기다릴 것입니다. 잣나무 가지 사이로 솔향을 가득 머금은 바람이 한여름의 산을 오릅니다. 그 바람을 따라 마음도 추억을 안고 산을 오릅니다.

4.
수고를 아시나요

보름 전 화분을 샀습니다. 손바닥 크기의 작은 것이지만 여러 꽃망울이 뿜어내는 향이 그만입니다. 덕분에 매일 아침 물을 주고 볕이 잘 드는 곳에 내놓는 일을 도맡아 하게 되었습니다. 벌린 일에 대한 책임을 지는 것입니다. 처음엔 번거롭기도 해서 후회한 적이 있지만, 늦은 오후에 실내로 들어온 꽃은 아주 그윽한 향을 선사합니다. 주인의 노고에 보답합니다.

화분을 사게 된 것은 예정에 없던 일. 지나가던 트럭에 사과가 잔뜩 실렸는데 이상하게도 적재함 한편에 작은 화분들을 싣고 있었습니다. 보통 과일이면 과일, 채소면 채소처럼 단일 품목을 파는데, 이 트럭은 무슨 이유인지 꽃도 싣고 있었습니다. 정체가 궁금해서 물었더니, 원래 과일 장수인데 꽃도 같이 판다는군요. 사두면 꽃값을 할 것이라 해서 꽃 이름을 물어보고 사게 되었습니다.

꽃향기는 밖이 어두워질 무렵 깊게 다가옵니다. 노을이 번져갈 때쯤이면 꽃향기 또한 정점에 이르지요. 코를 살랑이며 들어와 지친 몸을 위로하며 폐부에 깊이 점착됩니다. '만원'의 가치가 아니라 돈이 줄 수 없는 기쁨을 줍니다. '보루네오 꽃'이라는 행상의 말을 반신반의하며 샀는데, 만원의 화분을 파는 것이 아니라 꽃을 피우는 생명체의 소중함을 전해준 과일장수에게 감사하게 됩니다.

작은 꽃도 이렇듯 주인의 수고를 아는데… 스스로의 삶을 돌아보면서 주변의 수고를 모르고 저 잘났다며 살아온 것 같아 부끄러운 생각이 듭니다. 그러면서 언뜻 두 가지 생각이 떠오릅니다. 하나는 자식을 낳아서 거두어 먹이고, 노심초사하며 기르고 앞날을 걱정하던 부모의 수고입니다. 나이가 들어가면서 그 은혜와 수고를 더욱 실감하게 됩니다. 다른 한 가지는 좀 더 근본적으로 생명을 존재케 하고, 인간을 이 우주와 지구라는 행성에서 삶을 영위토록 한 조물주의 섭리와 은혜입니다. 흙으로 인간의 형상을 빚어 만물의 영장으로 존재케 했으니, 근원적이고 초자연적인 신의 노고가 아니겠습니까.

작은 수고를 하고 나서야, 그 누군가의 베푼 수고에 눈뜨게 됩니다. 돌아보면 세상일에 수고를 필요로 하지 않는 것이 어디에 있겠습니까. 나의 안위와 행복을 위해 보이지 않는 수많은 손이 수고하고, 알지 못하는 수많은 사람이 애써 준다고 생각하면, 세상이 좀 더 따뜻하고 살만한 곳이라고 생각됩니다.

봄에는 만물이 생동하고 새들의 지저귐 또한 활기 있

게 느껴집니다. 다만 가을이 가고 겨울이 되어가면서 우리는 저 새들이 어떻게 겨울을 날까 걱정을 합니다. 성경에는 공중의 새들도 조물주께서 다 거두어 먹인다고 했습니다. 코로나 바이러스로 인해 인류가 전례 없는 위험에 직면했습니다. 무서움을 모르고 겁 없이 질주하던 현대문명이 휘청거리고, 고도의 과학 문명 시대에 수십만 명이 눈앞에서 목숨을 잃는 것을 보면서 인간으로서의 한계를 알고 이제야 다시 낮은 마음으로 돌아가게 됩니다.

수고를 아시나요.

작은 화분에 기울인 수고를 통해, 자신을 돌아보게 됩니다. 베푼 수고에 감사하는 일을 통해 부모의 거두어 먹이고 기른 수고를 생각하게 되고, 조물주의 심원한 섭리에 감사하게 됩니다. 누군가의 수고가 있어서, 오늘 하루를 또 시간의 창고에 적립하고 생명의 장부에 기록하게 됩니다. 걱정하지 않아도 공중에 나는 새들까지 다 거둔다고 하셨으니, 오늘 밤에도 인류의 희망처럼 반짝이는 별이 밤하늘에 빛날 것입니다.

5

예를 갖출 일이다

발걸음을 돌려야 했다. 전혀 생각지 못한 일이다. 무거운 책 보따리를 애써 들고 갔다가 그냥 돌아서다니… 젊은 날 누군가를 좋아해서 마음을 고백하지 못하거나, 아니면 우물쭈물하다 타이밍을 놓치고 나서 우유부단한 자신을 탓했던 경험은 있게 마련이다. 그럴 때면 버나드 쇼(G. Bernard Shaw)의 "우물쭈물하다 내 이럴 줄 알았다."라는 말을 되뇌며 자신을 자책하거나, 위로하는 척하며 감각없이 허공에 발을 내딛곤 했던 적이 있다. 이처럼 무거운 발걸음을 돌린 적은 있어도 이번에는 무겁게 책을 가져갔다가 반납하지 못하고 다시 가져오는 경우가 되었다. 그것도 '사람에 대한 예의' 때문이 아니고, '사물에 대한 예의' 때문이다.

그런데 이 '사물에 대한 예의' 때문에 오늘은 사물에 대한 것이 문제가 아니라, 자기 몸(밥을 달라 아우성치는 주린 배)에 대해 예의를 갖추지 못하는 무례한 일을 하게 되었다. 「사물에 대한 예의」는 『뻔뻔한 한 줌의 정치』의 한 부분이다. 책 제목에서 느끼듯, 뻔뻔한 한국의 정치가 국민에 대해 '예의'를 갖추지 못한다는 점엔 많은 사람이 공감하며, 심지어 무례하고 때론 몰상식하다는 것도 알고 있다. 그런데 하물며 사람에 대한 것도 아니고, 사물에 대한 예의라니. 그래서 눈길이 그곳을 한번 휘젓는 순간 반납하려던 책을 다시 거둬들였다.

「사물에 대한 예의」는 두 남자와 우산에 관한 짧은 글이다. 비 오는 날 두 친구가 길을 걷다가 한 남자가 우산 가게에 들어간다. "우산 고치는데 얼마나 들죠?" "삼천오백 원입니다". 새 우산을 사기로 작정하고 다시 길을 가던 남자가 갑자기 돌아서 우산 가게로 간다. 그리고 우산을 고쳐 나오자 친구가 묻는다. "우산을 사겠다더니, 왜 고치는 건가?" "새 우산을 사면, 이 우산은 쓰레기가 될 수밖에 없지 않은가!"

이 글을 읽고서, 굳이 헌 우산을 고쳐 쓰는 사람의 속내를 잠시 생각해보았다. 못 쓰게 되면 가차 없이 내버리고, 버려지면 쓰레기가 되는 세상. 애지중지하던 반려견도 어느 날 차 밖으로 던지고, 소중히 쓰던 생활용품도 이사 가면서 훌쩍 내던진다. 하물며 사귀던 사람도 목적이 다하면 등 돌리는 세상이 되었다. 나이 들어 통증을 유발하는 신체 부위도 만일 다른 부속으로 대체할 수 있다면 갈아치우고 싶은 세상이다. 일회용 컵 같은 무수한 물건들이 쓰레기로 변하는 시대. 너무도 당연하고 무덤덤하게 많은 자원과 생물과 사물이 쓰레기로 버려진다.

우산을 고친 남자의 사려 깊음을 생각하다 보니, 참을 성 있는 배(腹)에 관해 잠깐 얘기하고 싶다. 이 배의 이기적인 주인은 종종 주린 배를 참고 식사를 미루기도 한다. 그 이유는 식사 전 공복(空腹)이 뇌 운동에는 최적의 시간이라 판단하기 때문이다. 즉 머리가 아주 맑은 시간, 무엇을 해도 효과가 크고, 특히 책을 읽을 때는 엄청나게 집중할 수 있는 시간이기 때문이다. 배의 주인은 이 시간대의 30분이 3시간에 버금가는 효과를 낳는다고 믿는다.

물론 이것은 정당하지도 점잖지도 못한 일이다. 주린 배가 내는 (꼬르륵) 소리를 들으면서, 또 신체의 자연 리듬을 무시하고 정신의 양식에만 집착하기 때문이다. 결국, 자기 몸에 대한 예의가 절대 아니다. 하물며 책을 부어 넣듯 할 뿐만 아니라, 머리를 쥐어짜 글을 적어 내려가는 경우라면, 아마 몸으로부터 고발을 당해도 변명의 여지가 없을 것이다.

저녁 8시. 주린 배를 달래는 이기적인 주인의 발걸음을 붙잡는 것은 '사물에 대한 예의', 바로 그 특이한 단어였다. 이 말 때문에 그는 발걸음을 돌려 주저앉는다. 읽지 않은 부분에 대한 호기심 때문에, 몸에 대한 예도 갖추지 못한 채 '야만적 글 읽기'를 시도한다. 그런데 사실 '사물에 대한 예의'를 망치는 많은 일이 광고 방송을 통해 일어난다. 쏟아져 나오는 무수한 상품이 시청자를 현혹하고 유혹하므로, 기존의 것은 쓰이지도 않고 쓰레기로 쏟아져 나온다. 현대인은 보드리야르(J. Baudrillard)가 말한 '시뮬라시옹'의 실행자가 되어 몽환 속을 걷듯 미디어에 의해 형성된 이미지를 먹고 마시고 생활한다. 현실 속의 실물보다 영화, 텔레비전 등에 의해 형성된 이미지를 더 사실처럼 여기며, 자신의 오랜 것들을 폐기해간다.

생각해보면 '사물에 대한 예의'의 문제가 아니라, '자연에 대한 예의' '인간에 대한 예의'라는 궁극적 문제가 도래한다. '쓰레기 수출국, 대한민국'을 어떻게 이해할 것인가. 이것도 일종의 경제활동 내지는, 경제에 이바지하는 수출 종목으로 기록해야 하는 것인가. "저개발 국가의 국민은 열등하고 한국보다 못사니까 쓰레기를 수출해도 무방하다."라는 경제 논리를 적용할 것인가. 물론 일부 몰지각한 폭력조직의 아이디어라는 얘기도 있지만, 그런 무지한 국민일지라도 한국인이 벌린 일이므로 부끄럽지 않을 수 없다.

이제 몸에 대한 예를 갖춰야겠다. 글을 끝맺을 때까지 주린 배를 틀어쥐고 끝내야겠다는 이기적인 행태를 강요한다면, 이는 예의 문제가 아니라 아주 야만적인 행위일

것이다. 가끔 있는 일이라 몸은 이것을 기억할진대, 학대한
다는 불만과 야유가 몸으로부터 터져 나와도 변명할 도리
가 없다.

예의를 다하지 못했다는 생각이 든다. 늦었더라도 예
를 갖출 일이다. 몸에 대해서, 정신에 대해서, 진정 정중하
게 예를 갖출 일이다. 그 대상이 내 몸이든, 상대의 마음
이던, 친구든, 가족이든, 이웃이든, 그리고 우리의 공동체
이든, '삶'이라는 일상과 생명이 깃든 어떤 존재에게도 말
이다.

6.
마음에 새긴 천 달러

문이 닫히고 떠나가는 그의 모습이 모였다. 작은 창으
로 무릎이 보이는가 싶더니 이내 시야에서 사라진다. 열차
가 떠난 뒤 플랫폼을 내려와 주차된 차에 오르고 나서야
그가 건네준 하얀 봉투를 꺼냈다. 그는 자신의 커피잔을
들어달라며 내 양손에 두 개의 종이컵을 드리우더니 뭔가
를 내 바지 주머니에 집어넣었다. 그리고선 서둘러 열차에

올라 고갯짓을 했다.

그는 나의 친구이며, 책을 함께 쓴 필자이며, 나의 스승이다. 그는 내 어머니와 같은 연배이지만, 언제나 나를 동료로 정중하게 대한다. 한 번이라도 하대하거나 아랫사람이라고 말을 놓은 적이 없어, 처음엔 어색하고 부담이 되기도 했다. 아마도 미국식 사고와 문화가 몸에 익었기 때문일 것이다.

그의 연구실에선 커피 향이 은은히 풍긴다. 부드러운 양탄자가 깔려있고 밝지 않은 조명에 매우 아늑한 느낌이어서 연구실이기보단 차라리 방에 가까운 느낌이다. 일주일에 한 번 짬을 내서 들르면 그는 늘 변치 않는 미소와 여유 있는 모습으로 나를 맞아주곤 했다.

시간이 흐른 뒤에도 변치 않는 우정으로 누군가를 만난다는 것은 큰 재산이다. 또 옛정으로 먼 거리를 마다하지 않고 얼굴을 보러 온다는 것은 말로 할 수 없는 고마움이다. 그는 미국으로부터 바람처럼 찾아오곤 한다. 첨단 매체를 통해 미리 여정을 알릴 수도 있겠으나, 이번 방문도 점심때가 돼서야 전화를 하고, 또 통화가 안 된 상황에서 내가 사는 도시의 역에 와서 기다리는 수고를 마다치 않는다. 두 번째 통화에서 목소리를 확인한 나는 미안하고 한편으론 고마운 마음이 솟아올랐다.

처음 그를 만났을 때를 기억한다. 전직 장관이었던 한 사립대 이사장의 초청으로 그는 경기 지역에서 학생들을 가르치고 있었다. 일주일에 한 번 그곳을 방문하던 나는 선배의 소개로 그를 처음 만나게 되었다. 오랫동안의 망명, 또 오랫동안의 목회(牧會)로, 그에게서는 국내 학자와는 다른 분위기가 느껴졌다.

비록 오랫동안 미국이란 나라의 문화와 언어에 내 나름으로 많은 시간과 열정을 기울였어도, 생각의 크기와 깊이에서 한 나라의 문화를 온전히 이해하기는 쉽지 않은 일이다. 그는 내게 그것을 알게 해주었다. 커피 향이 은은히 풍기는 그의 서재에 들어서면 마치 박물관의 한 공간에 있거나, 워싱턴의 어떤 행정 공간에 있는듯한 느낌을 받는다. 워싱턴 D.C. 에 위치한 그의 집을 오래전 방문한 것에 대한 답방으로, 여러 해가 지나서 그가 나를 찾아온 것이다.

교외의 번잡하지 않은 식당에서 식사하고, 이내 서울로 향하겠다는 그의 발걸음을 잡지 못했다. 돌아오는 길에 그는 어머니의 안부를 물었다. 이전에 한국을 방문했을 때처럼, 통원 치료를 하고 계신 어머니의 안부를 그는 꼭 묻는다. 이런저런 사정으로 어려움이 있을 것이라는 생각이 떠올랐던 것 같다. 다시 상경하기 위해 역에서 발권하고 그는 잠시 화장실에 다녀오겠다며 양해를 구했다. 돌아온 그는 플랫폼에 들어오는 열차를 보며 떠날 시간임을 알렸다.

멀리서 들어오는 열차를 보면서 잠시 커피잔을 들어달라고 했다. 그리곤 내 호주머니에 하얀 봉투를 찔러 넣으며 "어머니께 안부 전하고, 모시고 꼭 밥 한 끼 사드리세요."라고 당부를 하였다. 그가 떠난 뒤 주차장에 돌아와 차를 타고 나서야 봉투에 쓰인 'Save them….'이란 영어 문구를 보게 되었다. 그의 마음엔 늘 지구상 어딘가에 있을 '그들'이 존재하고 있는듯했다. 여행자라면 누구나 알겠지만, 타국을 여행하면서 자신이 아닌 타인을 위해 마음과 물질을 나누기는 쉽지 않은 일이다. 다음 날 어머니를 찾아뵙고 '밥 한 끼'를 떠올리며 봉투를 내민 나는 눈을 다시 크게 뜨고 봉투를 바라보았다. 100달러라고 생각하며 무심코 봉투를 꺼내놓았는데, 봉투 안에는 1,000달러가 들어있었기 때문이다.

문이 닫히고 떠나가는 그의 모습이 보였다. 2층 객차 아래 칸의 작은 창을 통해 그의 하반신이 보였다. 앞을 바라보며 생각에 잠겨있는 그의 모습을 보는 듯했다. 며칠 뒤 그가 출국했으리란 생각이 들었다. 마침 남북 정상들의 판문점 회담이 예정되어서 전국이 흥분과 긴장으로 들뜬 때였다. 그 오래전 군사정권의 박해로 망명지에서 늘

조국을 생각해오던 그가 어떤 일로 한국을 찾았는지는 모르나, 'Save them'이란 단어를 떠올리면서 큰일과 작은 일에 조용히 다가갔던 그의 삶의 행보를 떠올렸다. 한 영혼의 내면의 소리는 들리지 않는다. 다만 마음의 눈으로 볼 때만 들을 수 있기 때문이다

7.
그림자를 풀어 쉬게 하고

햇볕 따스한 날 멋진 그림자가 생긴다. 어딘지 모르게 나를 닮았고, 나를 따르는 기특한 그림자다. 봄을 감지하는 꽃대가 작은 그늘을 드리우고, 나무도 근사한 그늘을 만들며, 말없이 무뚝뚝한 전신주도 자신의 그늘을 만든다. 살아 움직이는 모든 생명체가 그림자를 달고 다닌다.

한여름 뙤약볕의 기억. 그림자가 하루 종일 바짝 붙어 다녔다. 그림자가 나를 따라다니는 것인가, 아니면 내가 그림자를 끌고 다니는 것인가. 온종일 따라다니던 그림자, 오후 늦게야 점차 느려지더니 그만 길게 늘어진다.

중세의 이야기. 달빛 아래 한 무리의 사람들이 외딴집

으로 들어가고 있었다. 하나, 둘, 셋, 그리고 마지막 사람이 들어갈 무렵, 가만히 지켜보던 개가 으르렁거리며 사납게 돌변한다…. 그림자가 없는 사람 때문이다. 때로 사람이 보지 못하는 현상을, 개는 특유의 감각이나 직감으로 느끼는가 보다. 이 기특한 영물을 앞으로는 구박하거나 잡아먹지 말고, 좀 사랑해줄 필요가 있지 않을까 하는 생각을 해본다.

그림자가 없는 사람. 이쯤 되면 사람의 영역이 아닐 것이다. 필시 인간은 영육의 존재이기 때문에 살아있는 한 그림자가 있게 마련이다. 일평생을 따라다니는 그림자. 쉬지 않고 따라다니는 그림자가 지겨울 수도 있으나, 쉬지 못하는 그림자 또한 매우 고될 것이다.

여름이 아직 멀건만 때아닌 홍수가 들이닥쳤다. '코로나바이러스'의 격류에 휩쓸려 사람들은 허우적거리다 사라지고, 이 모습을 지켜보는 가족들은 발을 동동거린다. 떠내려가는 사람들을 둑 위에서 바라보는 사람들은 입을 멍하니 벌리고 있다. 안타까운 마음으로 서로를 바라볼 뿐이다.

죽음은 예기치 않게 온다. 너무 많은 사람이 떠나갔고, 또한 너무 많은 사람이 생사의 기로에 서 있으며, 수많은 사람이 서로를 경계하고 멀리해야만 하는 상황. 고난이 빨

리 종식되기를 희구한다. 사랑하는 사람과 가족을 떠나보
낸 유가족의 상처가 속히 아물기를 바란다.

생을 달리한 많은 분에게 전하는 위로의 한마디,

처음이휴영(處陰以休影)

처정이식적(處靜以息迹)

"자신을 따라다니는 그림자와 발자국은 바쁠수록 더
따라붙는다. 그늘에 들어야 그림자가 쉬고(處陰以休影), 고
요한 곳에 머물러야 발자국이 쉰다(處靜以息迹)."

그동안 당신의 그림자도 매우 고되었을 겁니다. 일평생
따라다니느라 고생했을 그림자를 이제 그만 풀어 쉬게 하
고, 마음의 평안을 누리시기 바랍니다.

8.

가져갈 것은 많지 않습니다

봄이 올 즈음 홍수가 왔습니다. 전에 없던 강력한 '코

로나바이러스'가 지구를 뒤덮고, 우리 사회를 강타했습니다. 사람들은 바이러스가 일으킨 격류에 허우적거리며 쓸려가고, 가족을 떠나보낸 사람들은 망연자실 충격과 슬픔에 빠집니다.

영화에서나 볼 듯한 현실이 펼쳐지고, 거리는 사라마고(Jose Saramago)의 『눈먼 자들의 도시』처럼 황량하기 그지없습니다. 사람들 마음도 황폐해져서 알 수 없는 분노가 치솟아 나고, 이유 있는 분노가 특정한 표적을 향해 꽂힙니다.

말수가 적어지고, 서로 대면하길 꺼리면서, 마스크를 한 얼굴은 마음의 벽을 쌓아갑니다. 세계화 속에 무너졌던 국경은 어느새 인의 장막을 치면서 견고한 성을 쌓고, 국가적. 인종적 혐오와 경계가 심화됩니다.

이 위급한 시국에서 그나마 다행인 것은 이성을 잃지 않는 집단지성이 가동하고, 대중의 냉철함이 흔들리지 않고 원칙과 지침을 따르며, 의료방역 관련 기관과 인력들이 사명감과 봉사 정신으로 최선을 다해준다는 것입니다. 간혹 상혼으로 눈먼 자들이 있기는 하나, 대다수 시민이 각자의 몫을 감당하고 나눔과 배려의 마음을 가지는 것이 이 사회를 지탱하는 근간이 되고 있으니 참 다행이고 고마운 일입니다.

박쥐의 마음은 어떨까요? 이 작은 생명체가 이번 신종 바이러스의 발원지라고 하니, 좋아하려야 좋아할 수 없는 대상이 되어버리고 말았습니다. 이번 말고도 이전의 사스, 메르스 등 여러 건의 사고를 친 이 개체는 정말 사람하고는 담을 쌓을 작정인가 봅니다. 작고 까만 얼굴에 못생긴 이를 드러내고 울 때의 그 모습이 전혀 달갑지 않습니다. 몸체에 비해 특이한 큰 날개가 그나마 볼만 하지만, 이것 빼고는 뭐하나 인간에게 호감을 줄만 한 것이 없기에, 박쥐의 설움은 크지 않을까 싶습니다. 그런데 이번에 크게 사고를 쳤으니, 이제 박쥐와 인간의 관계는 돌이킬 수 없게 되고 말았습니다.

어느 경우든 이번처럼 죽음은 예기치 않게 다가올 수 있다는 사실을 재차 확인하면서, 한편으론 삶의 가치를 생각하게 됩니다. 중요한 것은 "세상 떠나는 일에 챙겨갈 것이 많지 않다."는 것입니다. 개인적 죽음이든, 집단적 사망이든 간에, 인간이 세상을 떠남에 있어 무엇을 가져갈 수 있을까요. 만 원권 지폐 한 장 가져갈 수 없는 것이 우리 육신입니다. 수조, 수천억, 아니 단 몇백만 원이라도, 이 승을 떠나는 길에 그런 것이 무슨 의미가 있겠습니까.

지난해 모친을 떠나보내면서 '세속적 가치와 형식은 다 부수적인 것'이라는 생각을 했습니다. 살아서의 모든 형식과 절차, 손에 쥔 모든 것을 다 놓고 새처럼 가볍게 떠나는 것이 우리 삶이라는 것을 뼈저리게 느꼈습니다. 사람들은 말합니다. "살아서는 먹고살 만큼 있으면 되고(물론 100억일 수도, 10억일 수도, 또는 몇천만 원일 수도 있고요, 그 기준은 사람마다 다 다를 것입니다), 죽으면서는 사랑했던 사람들과의 즐거운 기억과 기쁨만을 가져간다."라고요. 하지만 돌아서면 또 금방 망각하는 것이 우리 인간입니다.

'處陰以休影'

'처음이휴영'이라 했습니다. "그늘에 들어야 그림자가 쉰다."는 것이지요. 생명체가 바쁜 만큼, 그 그림자도 고되었을 것입니다. 자신을 따라다니던 그림자를 쉬게 하고 휴식을 취하게 하는 것입니다. 일평생 따라다니느라 고생했을 그림자를 이제 그만 놓아 쉬게 하고, 편안히 이승을 떠나시길 바랍니다.

한국의 사망자가 100명을 넘어서고 전 세계적으로는 186개국에서 1만 2천 명을 넘어섰습니다. 홍수처럼 우리 사회를 쓸고 간 '코로나 바이러스'에 희생된 분들의 명복을 빕니다. 망자(亡者)를 황망히 떠나보내야 하는 많은 유가족의 슬픔과 고통에 깊은 애도를 표합니다. 망자들이 이제 그림자를 내려놓고, 본시 가져갈 것이 많지 않은 우리 삶으로부터 가볍게 떠나시길 축원하면서.

(이 글을 쓰던 20년 3월 23일로부터 1년이 넘어선 21년 7월 7일 현재 코로나 사망자는, 국내 2,033명, 전 세계에서는 약 398만 명에 이릅니다. 총 확진자는 1억 8천만 명으로, 2021년에는 전 세계에서 매일 1만9천 명이 사망했다고 합니다.)

9.

낯선 풍경

달리는 바퀴에서 삶은 조금씩 녹아내렸다 머리엔 눈꽃이 피고 심장을 떠나온 피는 멀겋게 굳어 가는데 비는 잠속으로 스며들어 톡톡톡 머리를 치며 베개를 감아 돌았다 큰 강이 되어 내려가고 있었다 사람들은 둥둥 떠다니다 물에 잠기고 부러진 나뭇가지를 부둥켜안고 울다 이내 사라졌다 문을 열고 내려선 남자가 담배를 벌겋게 달구었다 푸른 연기가 생각을 말아 올리는 하늘 위 멈춰선 기중기 뒤로 달팽이처럼 감긴 줄이 건물을 돌고 돌아 언제부턴가 지루하게 서 있는 미끄럼틀을 보다가 가만 보다가 보도블록 사이에 숨어든 먼지를 후벼내며 따분해하다 무언가를 쫓듯 아파트 담장을 넘는 고양이 어둠 속에 움직일 것이라 했었지 아니 벌건 대낮에 활보할 것이라고 억겁의 시간을 흑암 속에 날며 지난하게 살아온 탓이리라 행인이 지나간다 하나둘 불꽃이 오르는 시간 누군가를 태우러 온 차로부터 비상등이 원을 그리며 퍼져 나오고 낯선 누군가가 알 수 없는 말을 내뱉고 알지 못하는 사람들이 지구 밖으로 모이는 시간 이름과 주소를 파묻고 사람들이 가고 있다 말없이 가는 사람 사람들 눈조차도 마주칠 수 없는 사람들은 입을 굳게 닫고 숫자를 센다 2020 2 22 어게인 2 22 기막힌 숫자의 조합은 놀랍도록 불규칙한 숫자를 밀어 올린다 체온보다도 뜨거운 비가 하루 종일 쏟아지는데 비정하게 닫힌 문틈 사이로 엉성하게 새어 나온 불빛이 변화무쌍하게 얼굴을 바꾸는 새 울음이 그친 지 참 오래된 도시, 로렌스(D.H. Lawrence)의 『묵시록』 마지막 장이 끝날 때 마침내 시간은 와인을 비우고 그들의 와인 병을 낚아채버리지 서울스카이 첨탑에 걸린 실버라이트(Silver light) 어둠 속에 요동치는 심장처럼 발갛게 물들어가는,

　　　"그들의 눈에서 모든 눈물을 씻어 주실 것임이라."*

　　　　　　　　　　　　　　　　　　　　　　　　　– 신연강, 「낯선 풍경」** 전문

* 요한계시록 17장 17절

** 2020년 2월 22일, 코로나19의 탁류가 휘몰아칠 때 쓴 시.

10.

글을 쓰는 이유

1970년대에 포크 듀오 둘다섯이 부른 「밤배」는, "검은 빛 바다 위를 밤배 저 밤배…"로 시작하는 노래였습니다. 이 가사가 불현듯 생각나는 것은 고요한 밤에 잔잔한 바다를 항해하는 것처럼, 글을 읽는 것은 활자의 배를 타고 생각의 바다를 항해하는 것이라는 생각 때문입니다. 주위를 둘러보면 수많은 글이 물결치고 있고, 또 서점과 도서관 서가를 가득 메우고 있는 책들을 보면 수많은 생각이 우리 주변을 가득 메우고 있음을 알게 됩니다.

글을 배우고 익히면서부터 우리는 모두 이런저런 경로를 통해 글쓰기를 많이 해왔습니다. 독후감, 발표문, 초·중·고등학생 때의 과제, 일기문, 심지어 반성문까지 숱한 글을 써왔는데… 이런 모든 글이 오늘의 '나'라는 존재를 있게 한 의미 있는 과정이었음을 상기하면서, '글쓰기'를 다시 한번 돌아보고 좀 더 관심을 가져야겠다고 생각합니다.

문자(文字)가 생겨 난 이후 글의 집약체인 '책'은 우리의 생각을 담는 가장 대표적인 도구가 되었지만, 문화의 발전과 미디어의 발달로 생각을 담는 방법은 실로 다양하고 눈부시게 발전해왔습니다. 하지만 기꺼이 땀 흘리는 수고를 감수하고 종이에 담긴 활자를 읽어가는 것은 영화, 음악, 인터넷 그 어디에도 비할 바 없는 즐거움과 풍미를 줍니다. 수많은 작가가 여러 다른 이유로 글을 쓰겠지만, 제가 아는 몇몇 작가들의 '글쓰기 사유'를 한번 살펴볼까 합니다.

로렌스(D. H. Lawrence)의 '손'에 대한 신뢰와 찬사는 절대적입니다. 로렌스는 손의 촉각을 통해 우주의 모든 것을 만나며 방대한 것들을 배우고 알아간다고 말합니다. "글을 쓸 때 내 손은 유쾌하게 미끄러져 나(i)라는 점에 메뚜기처럼 안착하고, 시간이 지나면서 차가운 책상을 느끼게 된다. 손은 생각의 원초가 되고, 두뇌와 정신과 영혼만큼이나 나 자신이 된다. 그러니 손 이상의 온전한 내가 어디 있겠는가? 손이 절대적으로 살아있기 때문에 내가 살아있다." 그러니 로렌스가 이런 손으로 어찌 글을 안 쓰겠습니까. 손은 그 자신이고 소설을 쓰는 것은 그의 숙명일 수밖에 없을 것 같습니다. 그는 글을 쓰면서 자신을 알아가고 온전한 자신을 발견하게 되니 말입니다.

로렌스는 살아있는 총체로서의 존재를 강조합니다. "나는 사람이고 살아있다. 살아있는 사람으로서 할 수 있는 한 살아있는 인간이고자 한다." 이러한 이유로 그는 소설가로서 존재한다고 말하면서 "책은 삶이 아니다. 책은 단지 떨림(전율)일 뿐이다. 그러나 떨림으로서의 소설은 살아있는 인간에게 감동을 줄 수 있다."라고 말합니다.

반면 사르트르(Jean-Paul Sartre)의 글쓰기는 필자와 독자 사이의 교감을 중시합니다. 그는 모든 사람이 저마다의 '글 쓰는 이유'를 가지고 있다고 하면서, 글쓰기는 어떤 사람에게는 은둔이나, 몰입, 심지어는 죽음에 이르는 여행이기도 하고, 또 어떤 이에게는 승화(초월)의 방법이라고 말합니다. 그러나 중요한 것은 이런 여러 다른 이유를 넘어서 모든 사람에게 공통되는 보편적인 이유가 존재한다고 보는데, 그것은 곧 '인간'이란 존재는 세상 모든 만물이 그를 통해서만 현현될 수 있는 '원천'이라고 보는 관점입니다. 그래서 사람의 모든 행동을 통해서 세상은 인간존재에 새로운 면모를 드러내게 됩니다. 따라서 사르트르는 "작가가 자신을 위해 쓰는 것은 사실이 아니다."라고 하면서, "작가가 자기 생각을 지면에 투영할 때, 그는 사고를 무한히 확장하게 되는 것이다."라고 말합니다. 결국, 대상을 구체화하고 정신을 객관적으로 형상화하는 것은 작가와 독자의 공동 작업이라는 것을 사르트르는 강조합니다.

오든(W.H. Auden)의 쓰기에는 좀 더 깊은 철학이 엿보입니다. 1930년대에 영국에서 뛰어난 시인으로 주목받았던 오든은 마르크스와 프로이트의 지적 영향을 받았으며, 미국, 호주 등 세계 각지를 여행하면서 정치적, 경제적 영역을 넘나드는 사유를 보여주고 있습니다.

오든의 독특한 작가관은 '성공'에 관한 그의 사고에서 읽을 수 있습니다. "삶에서 성공한 사람들은 농부처럼 특정한 분야에서 지속해서 생계의 필요성을 만족시키거나, 또는 의사처럼 다른 이들로부터 가르침이나 훈련으로 기술 습득을 한 그런 직업이 아니라, '영감(inspiration)'을 받은 자들로서 냉소가 스며있는 경구를 통해 위트를 보여줄 수 있는 사람이다."라고 정의합니다. 그러면서 오든은 "명성은 작가를 자부심 있게 하는 것이 아니라 공허한 존재로 만든다."라며 작가에게 쏟아지는 독자들의 찬사를 경계합니다. 왜냐하면, 성공한 작가가 자신의 성공 원인을 분석할 때, 대개는 타고난 자신의 재능을 간과하고, 자신의 글쓰기 기량을 과신하게 되기 때문이라는 것입니다.

오든은 모든 작가가 무명이기보다는 유명해지기를 바라지만, 진정한 작가는 그러한 인기에 연연하지 않는다고 말합니다. 진정한 작가라면, '자신이 가지고 있는 삶의 비전이 자기기만이 아니라 진정한 비전임을 확인하기 위해서' 독자의 호응(평판)이 필요하다는 것입니다. "작가가 글 쓰는 동안 느끼는 감흥은 그만큼 독자의 감흥으로 전해진다."라고 오든은 말합니다. 그 또한 글쓰기를 통해 작가와 독자가 소통함으로써 감흥을 공유할 수 있다는 점을 중요시합니다.

미국의 포스트모던 작가인 보니것(Kurt Vonnegut)의 경우는 '말할 수 없음을 말함'이라는 절대적 이유를 가집니다. 보니것은 1943년에 2차 세계대전에 참전하여 1944년 12월 벌지(Bulge) 전투에서 독일군의 포로가 되어 작고 아름다운 도시 드레스덴(Dresden)의 지하 도축장에 갇히게 됩니다. 그즈음 전쟁의 양상이 연합군의 승리로 기울어가므로, 2차 대전을 끝내기 위해서 연합군은 독일을 무차별 공습하게 됩니다. 미국이 일본 나가사키와 히로시마에 원자탄을 투하해 태평양전쟁을 종결했듯이, 연합군은 드레스덴에 사흘 밤낮으로 폭탄을 쏟아붓습니다. 폭격이 끝나고 지상에 올라왔을 때 지상의 모든 것들이 검은 숯과 재로 변해있었고, 인구 13만의 도시는 쑥대밭이 되었습니다. 사람들 시신은 구운 생강 과자처럼 엉겨 붙어 사방에 흩어져있었는데, 폭격에서 살아남은 포로들이 이런 사체들을 구덩이에 넣고 흙으로 덮거나 화염으로 태웠다고 합니다.

석방되어 미국에 돌아온 보니것은 악몽보다도 더 참혹한 전쟁 경험으로 말미암아 정신착란에 시달리며, '말할 수 없는 것을 말하는 방법'으로 글쓰기를 택하게 되었습니다. 작가마다 사연이 있지만, 생사의 갈림길에서 경험한 것을 허구와 혼합하여 글로 전했기에 노벨문학상 후보에 오르는 큰 반향을 일으킬 수 있었던 것이 아닌가 싶습니다. 전쟁의 참혹함과 삶의 부조리를 이겨내기 위해 그가 숱하게 되뇐 말 "그렇게 가는 거지 뭐(so it goes)!"는 그가 고통과 슬픔을 이겨내는 방편이 되었습니다. 이러한 글쓰기 기법이 바로 블랙 유머(black humor)로서 보니것은 오늘날까지도 뛰어난 블랙 유머의 대가로 기억되고 있습니다.

이런 걸출한 작가들과 비교하니 저의 글쓰기가 무척 초라하게 느껴집니다. 저의 글쓰기는 절박함에서 출발하지만 잦은 사고와 실수로 점철되었습니다. 원고가 담긴 USB를 잃어버리고, 메모 노트를 분실하고, 꼭 필요했던 책과 자료가 없어지는 등… 여러 사고가 생겨서 몇 번을 미루고 재차 착수하는 동안 원고와 쓰려는 열정은 상처투성이가 되고 누더기가 되었습니다. 그래서 이번에 쓰지 못하면 이 책은 영영 완성하지 못할 것이라는 시간적, 정신적, 심적 부담과 절박함이 있었지만, 반면 집필에 대한 열망과 의지는 강해졌습니다.

이상과 같은 여러 다른 글쓰기를 살펴보았는데, 전업 작가들의 글쓰기가 아니더라도 우리는 모두 벌써 상당한 문해력을 통해 글을 읽고 쓸 수 있는 능력을 갖추고 있습니다. 다만 글쓰기는 스포츠 선수들이 매일 훈련하고, 연주자들이 매일 연주하듯 기량을 연마하기에 따라 전문가 수준의 글쓰기가 될 수도 있고, 간간이 취미 삼아 하면서 일상을 기록할 수도 있다고 봅니다.

그 어느 경우든, 글쓰기를 통해 삶을 돌아보며 정리하고 또 소통과 나눔의 통로를 확보하면서 깊고 그윽한 사색의 우물을 길어 올릴 수 있다면, '글쓰기'는 사색하는 존재로서 우리 모두에게 주어진 즐거움이고 기쁨이며 위안이 될 것입니다. 저에게도 이 글쓰기는 기쁨이고 즐거움이며 또 독자와 소통하는 통로가 되어 인식의 지평을 심화, 확대하는 계기가 됩니다. 아울러 살아가면서 많은 고통과 상처를 안고 있는 독자들에겐 저의 글쓰기가 작은 위안과 힐링이 되었으면 하는 바람입니다.

V.

사유의
지평 위에서

1

저마다의 운명으로

한 출판사 대표로부터 이메일을 받았습니다. 편지에는 사람의 관심을 끌지 못하고 쓰임 받지 못해, 종국에는 재가 되어갈(사람이나 책이나 종국엔 같겠지만) 운명에 관한 안타까움과 슬픔이 가득했지요. 그런 점에서 사람은 어떻게 사는가, 책은 어떻게 쓰이는가, 하는 물음이 다시 솟아났습니다.

그는 다음과 같이 말합니다. "빌림을 당하는 책은 행복하다고 생각합니다. 책으로 태어났으나, 세상에 나가 보지도 못하고 폐기되는 책들은 종잡아 전체 출판사에서 하루에 몇 만 권은 되지 않을까 싶습니다. 잘 정돈된 어느 서점에 꽂혀 지나가는 눈길을 받는 책은 정말 행복한 책입니다."

그 말을 듣고 나니, "모든 책은 저마다의 운명을 지닌다(Habent sua fata libelli)."는 말이 딱 맞는 것 같습니다. 어떤 책은 독자의 손이 수없이 닿아서 닳아빠지는가 하면, 어떤 책은 거친 손에 의해 내던져지고 찢기어 속살이 허옇게 드러나기도 합니다. 그러나 이 정도면 독자의 사랑을 받았기에 여한이 없을 것입니다. 어떤 책은 태어나는 순간

세간의 관심을 받았지만, 이내 신간 매대에 잠시 머물다 헐값에 팔려 가기도 합니다. 그나마 이처럼 주인을 찾으면 다행이지만, 인연이 닿지 않아 주인을 찾지 못한 책은 폐지로 실려 갈 것입니다.

출판사 대표는 물류창고 바닥에 처박혀 몇 년째 햇빛도 못 보고 울고 있는 책들이 불쌍하다고 했습니다. 그러면서 제가 글을 쓰기 위해 보듬고 있는 책들은 매우 행복해할 것이라 했습니다. 반면 이런저런 이유로 창고에 죽치고 있는 책들은 서러움과 슬픔을 안고 곧 사라질 겁니다.

글의 중량이 아니라 종이의 중량으로 평가받는 슬픔은 클 것입니다. 그 불쌍한 책들은 출판사 창고로부터 곧 트럭에 실려 이사를 할 겁니다. 덤핑 가격에 중고 책방으로 팔려가는 경우라면 그나마 명을 연장하는 것이겠지만, 고물상이나 기타 폐기장으로 실려 가는 경우라면 이름값은커녕 몸값조차 건지지 못하는 처지가 되는 것입니다.

책의 평가는 결국 무게로 결정된다고 할 것입니다. 책이 감당해야 할 무게. 그 무게를 알게 되는 독자의 마음 또한 절대 가볍지 않습니다. 책이 글의 무게로 평가받는다면 그 책은 책으로서의 소명을 다한 것입니다. 반면 책이 중량, 즉 종이 무게로 평가받게 될 때, 책은 제명을 다하지 못하고 죽음을 맞이하게 됩니다.

글의 무게로 평가받아 본연의 사명을 다한 책은 얼마나 환히 웃겠습니까. 세상의 수많은 책. 그 책들 모두 독자의 역량에 따라 운명을 달리하는 것이니, 독자의 책임 또한 크게 느껴집니다. 출판계에 회자하는 말을 떠올려봅니다.

"독자의 능력에 따라 책들은 운명을 달리한다."
"Pro captu lectoris habent fata sua libelli."

2.

담장 고치기

따스한 햇볕과 싱그런 바람이 겨우내 잠든 발길을 깨운다. 굳게 닫혔던 대문이 열리고 추위와 코로나로 묶였던 몸과 마음에 봄이 찾아온다. 동네를 한 바퀴 돌아보니 사람뿐 아니라 이삿짐 트럭 또한 분주하다.

봄은 바야흐로 이사의 계절인가 보다. 오래전부터 우리 선조들은 이사하는 날(손 (神)없는 날)을 콕, 집어 이사를 할 만큼 이사를 중요한 일로 여겼다. 단순히 몸을 옮기는 것이 아니라, 함께 하는 모든 것(가족, 가구, 주소, 증명서, 주변인 등)을 바꾸는 것이어서 그만큼 중대사로 생각한 것이다.

오래전 어느 작가가 한 말이 떠오른다. "이사란 몸만 옮기는 것이 아니고, 함께 했던 추억을 묻고, 지내온 시간을 떠나보내는 것."이라고. 그처럼 이사란 자라난 뿌리를 단절하는 일이기에 큰 변화를 동반하는 일이다. 그런데, 오늘날 사람들은 몸뿐 아니라 마음도 쉽게 담아서 옮기고, 일 년에도 몇 번을 옮겨가는 유목민의 삶을 살기도 한다. 하지만 대부분 사람에게 이사하는 일은 아직도 고민스럽고 수고로울 것이다.

이사 말고도 수고스러운 일이 더 있다. 옛사람들에게 집을 고치는 일 또한 힘겹고 버거웠을 것이다. 지금처럼 운송과 이사 수단이 발전하지 못한 때에는, 한번 살던 집을 보수해서 살고, 다시 고치고 하는 일을 반복할 수밖에 없었을 테니. 집수리 또한 전문업자의 손에 맡기는 것이 아니라, 각자 손수 집을 개보수하고, 때로는 마을공동체의 손을 빌리기도 했을 것이다.

꽤 오래전 일로 생각되는데, 시골의 먼 친척께서 돌아가셨다는 소식을 접했었다. 사유인즉, 기와를 고치러 지붕에 올라갔다가 낙상으로 인해 돌아가셨다는 것이다. 참 인자한 분이셨는데, 한창 바쁠 때 일이라 그만 가보지를 못했던 기억이 난다. 그 당시 왜 그런 위험한 일을 직접 했을까 하는 의문을 가졌다. 집을 손보는 일에 있어서 그 같은 안타까운 기억이 있는 반면에, 프로스트의 '담장 고치기'는 소소한 즐거움과 마음의 여유로 다가온다.

담장 고치기

담장을 좋아하지 않는 어떤 것이 있는가 보다.
그것이 담장 밑 언 땅을 부풀게 하여
위쪽 둥근 돌들을 햇볕 가운데 떨어뜨린다.
그리고 거기엔 두 사람이 지나갈 틈이 생긴다.
사냥꾼들도 담장을 부순다.
나는 그들이 떠난 곳에서 차곡차곡 돌을 쌓아
부서진 담장을 수리했다.

Something there is that doesn't love a wall,

That sends the frozen-ground-swell under it

And spills the upper boulders in the sun,

And makes gaps even two can pass abreast.

The work of hunters is another thing:

I have come after them and made repair

Where they have left not one stone on a stone,

– 로버트 프로스트, 「담장 고치기」 부분

현대인의 삶에서 주거는 매우 기능적이고 시스템적으로 이루어진다. 앞으로 이러한 양상은 AI나 스마트 시티 구현으로 인해, 더욱 수월하고 편해지리라 전망한다. 반면, 오래된 주거지나 외떨어진 전원주택 단지에서는 여전히 담이 존재하겠지만 이 또한 없어지거나 얇아지는 경향을 띨 것으로 생각한다. 그런 곳에서는 여전히 봄에 집을 고치고, 대청소하며, 담장 고치는 일을 두루 하지 않겠는가.

지금은 나로서도 담장을 고칠 일은 없다. 아쉬운 생각도 들지만, 한편으론 번잡하게 시간을 빼앗길 일도 아니어서 안도한다. 간혹 붉은 벽돌 사이로 솟아오른 검푸른 이끼를 걷어내고, 어쩌다 돌 틈에 뿌리를 내려 잎을 펼쳐내는 이름 모를 풀의 강인함을 보면서, 생명을 생각하고 '세 개의 집짓기'를 떠올려본다.

아직 늦지 않았다면 '세 개의 집짓기'를 잘해보고 싶다. 아니, 아직 늦지 않았기에 열심히 해보고 싶다. 몸을 담고, 육체를 담고, 정신을 담는 일을. 그 집은 하우스(몸을 뉘는 집), 건강(육신을 담는 집), 문화(정신을 쌓는 집)로 구성된 세 개의 집이다. 어느 하나 소중하지 않은 것은 없으나, 그

중 제일이라면 건강이며, 그다음으로는 문화(정신)의 순으로 관리해가는 것이 맞지 않을까 싶다(물론, 사람에 따라 다르겠지만).

적어도 한때 심하게 앓았거나, 투병했거나, 가족이 질병으로 고생하는 것을 경험한 사람이라면 건강의 소중함을 알겠기에, 정신을 담거나 몸을 뉠 집에 앞서 육체의 집인 '건강'이 가장 중요한 것이라는 데 동의할 것이다. 돌아보니, 한때는 생각했다. 병원에서 일하고, 민·형사상 소송을 담당하는 일(의사나 변호사처럼 육체적 환자며 사회적 갈등을 다루는 것)은 가장 거칠고 건강하지 않은 일로. 오늘날 다시 멀리 바라보며 생각해보니, 내 집뿐 아니라 다른 사람의 집(몸, 건강, 사회적 난제)을 돌보고 고쳐주는 일은 상당히 보람 있고 중요한 일이라는 생각이 든다.

담장을 고치는 것의 중요함. 그것은 마음을 정돈하고 흐트러진 자세를 부여잡는 일이다. 자신을 돌아보고 주변으로 시선을 확대하는 일이다. 그 작업을 하면서, 담뿐 아니라 흐트러진 내면과 허물어진 정신을 세워갈 일이다. 담장을 고치면서 프로스트가 왜 즐거워하고 보람을 느꼈는지 이제야 알 것 같다.

담장을 고치는 것은, 허물어져 가는 나를 고치며 몸을 세우고 마음을 다듬는 일과 다르지 않다. 내 집뿐 아니라,

다른 사람의 집을 고치는 일에도 관심을 두고 힘을 보태리라. 이제 완연한 봄이니, 장터로 향하는 발길도, 터전을 찾아오고 가는 사람도 많아질 것이다. 수많은 사람이 살 터전을 가지고 장난친 사람들로 인해 나라가 벌집을 쑤셔 놓은 듯 시끌시끌한 때에, 몸과 마음을 담을 소중한 집을 생각하게 된다.

3.
책을 절대 빌려주지 말라

책을 빌리고 빌려주는 것에 관한 여러 생각이 있습니다. 한 후배는 '책은 반드시 사서 본다'라는 원칙을 가지고 있습니다. 그렇게 하는 이유는, 필요한 부분에 메모하거나 표시를 할 수 있고, 또 글감으로 보존하거나, 그 밖에 책을 소장하는 만족감을 가질 수 있기 때문입니다.

그에 따르면, 젊은 시절 책을 사는 데 쓴 돈만 제대로 모았어도 지방에 아파트 한두 채는 사놓았을 것이라 합니다. 조금 과장된 얘기겠지만, 그의 말을 들으면서 웃는 이유는 이같이 상궤를 벗어난 독특한 사고와 행동을 하는 사람이 아직 주위에 있다는 것이 그저 신기하고 재미있기 때문입니다. 많은 사람이 똑같은 사고를 하고, 사회가 한 방향으로 굴러가는 것을 못마땅해하는 저 같은 사람에게, 그런 이유로 이 후배는 글 읽기와 글쓰기를 통한 소중한 벗입니다.

요즘은 그 후배도 나이가 드는지 슬슬 비우는 작업을 시작했다고 합니다. 방과 거실, 그리고 베란다 등 곳곳을 다니며 드러내고, 끄집어내고, 쓸어낸다고 합니다. 젊어서 멋모르고 책에 몇억을 투자했다고 한탄하지만, 제가 보기에 그 돈을 허투루 쓴 것은 결코 아닙니다. 그와의 대화에서 엿볼 수 있는 지혜와 번뜩이는 재기, 그리고 작가로서의 통찰력이 그만큼의 값을 하고 있기 때문입니다.

가끔 그의 사무실에 들러서 눈에 띄는 책을 빌리곤 합니다. 그런데 오늘 문득 책을 한 권 읽다가, 책을 빌리고 빌려주는 것에 관한 여러 생각을 접하게 되었습니다. 아주 재미있는 문구를 만나서 한바탕 웃어버렸습니다. "절대 책을 빌려주지 말라. 아무도 돌려주지 않으니까. 내 서재에 있는 책은 모두 남들이 빌려준 책이다."라고 아나톨 프랑스는 말하는군요.

심지어 "책을 빌려주는 자는 바보다. 책을 돌려주는 자는 더 바보다."라는 아라비아 속담도 있다고 하니⋯. 빌리는 마음이 복잡해지며 갈등을 일으키게 됩니다. 물론 빌린 책은 꼬박꼬박 반환했습니다. 절실한 마음으로 빌린 만큼, 분명하게 말입니다. 저도 책을 빌리지만, 더러 빌려주기도 했고, 심지어 도난당하기도 했지요. 드물게는 없어졌던 책을 다시 찾기도 했습니다. 그런 것을 생각할 때, 빌린 책은 반드시 돌려준다는 원칙을 가지고 있습니다.

누구나 책을 빌려주고 돌려받지 못한 경험이 한 번씩은 있을 것입니다. 그런 때면 '책과 마누라만큼은 빌릴 수 없는 것'이라는 시미즈 이쿠타로의 말도 가슴에 들어옵니다만, 책을 대하는 아주 너그러운 마음을 만나면 책을 움켜쥐는 마음이 옹졸한 것 아닌가 하는 생각이 들 때가 있습니다. 조선 시대 최석정은 상당히 많은 장서를 소유했으나 장서인을 찍지 않았다고 합니다. 자식들에게도 "책은 공공물이니 사사로이 지키기만 해서는 안 된다."라고 훈계했다고 합니다. 이쯤 되면 데이빗 하비(David Havi)가 말한 '공공재'에 책을 포함해도 될 듯합니다. 하지만 보통 사람이 그 정도의 관대한 마음을 가지기가 쉽지는 않아 보입니다.

미국에도 책에 대해서 관대한 작가가 있습니다. 『북회귀선』의 저자 헨리 밀러(Henry Miller)는 1930년대에 남녀의 애정을 적나라하게 묘사한 아주 자유분방한 작가로서

"즐거움은 강과 같다. 끊임없이 흐른다. 우리 또한 음악처럼, 끊임없이 흘러야만 한다."라는 철학을 가지고 있었습니다. 사람들이 '돈'에 대해 "돈은 순환해야 한다. 고이면 썩는다."라고 말하듯, 자유분방한 밀러가 책에 대해 "책은 돈처럼 순환해야 한다. 책과 돈은 가능하면 많이 빌려주고 많이 빌려오라… 좋아하는 책을 갖고 있으면 풍요로워진다. 하지만 그것을 다른 사람에게 넘겨주면 세 배로 풍요로워진다."라고 말하는 것은 결코 놀랄 일이 아닙니다.

어떤가요? 풍요로운 세상을 위해, 읽은 책만이라도 다른 사람에게 넘겨주심이… 책에 대한 태도 어떤 것이 좋을까요, 선택은 당신의 몫입니다.

4.
다시, 북회귀선

원을 그리더니 사라졌다. 추분을 지난 어느 날, 사라진 원은 청명한 하늘을 끌고 와 빨간 꼬리에 감는다. 날개엔 한 해를 살아온 씨줄과 날줄이 고스란히 배어있다.

달뜬 열기로 넘실대는 들판. 누가 오라 해서 오는 것이 아니다, 가을은, 오지 말란다고 해서 오지 않는 것이 아니다. 도시를 뜨겁게 달구던 태양은 옴죽 달싹 않았으나 결국 시간의 섭리를 따라 봇짐을 지고 떠나고, 가을이 돌아오는 시간, 북회귀선의 시작이다.

하지에 북회귀선을 지난 태양이 회귀하고 가을이 돌아오고 있다. 대기는 서서히 변하며 추분에는 밤낮의 균형을 맞출 것이고, 이내 부드럽고 감미로운 공기가 가슴에 스밀 것이다. 그래서 북회귀선을 대하는 마음은 편안하고 자유롭다.

북회귀선을 접하며 헨리 밀러(Henry Miller)의 『북회귀선』을 떠올리는 것은 너무도 자연스러운 일. 한여름의 대기만큼이나 밀러의 『북회귀선』 또한 뜨겁다. 뉴욕 브루클린의 빈민가를 성장 배경으로 파리에서 부랑자처럼 지내던 시절을 밀러는 초현실적으로 스케치한다. 그런 그의 작품은 남녀의 애정을 적나라하고 파격적이며 격렬하게 묘사함으로써 판금을 당했지만, 활력을 잃은 현대인에게 생명력을 불어넣는 것으로 평가받는다.

'웃음과 자유와 즐거움이 삶의 궁극적 목표'라고 하는 데서 알 수 있듯이, 자유인 밀러는 "즐거움은 강과 같다. 끊임없이 흐른다. 우리 또한 음악처럼, 끊임없이 흘러야만 한다."라고 설파한다. 이처럼 '영혼과 육체의 자유'를 구가하는 그의 인생관과 예술관은 섹서스(Sexus), 프렉서스(Plexus), 넥서스(Nexus)로 이루어진 삼부작 『장미빛 십자가(Rosy Crucifixion)』에 고스란히 담겨있다.

상념(想念)의 계절. 한 해의 반을 지나 가을이 돌아오는 것을 보면, 삶이란 무엇이기에 이토록 빨리 흐르는 것일까, 하고 생각하게 된다. 손발톱 자라듯 시간은 흐르고, 잘라내는 손톱처럼 시간은 빈번히 잘려 나간다. 그 시간 속에 행복을 구한다는 것. 때론 보장되지 않는 내일의 즐거움과 행복을 위해 지금 이 순간을 유보하며 불확실한 내일의 행복을 추구하는 것이라면, 『북회귀선』은 더욱 강렬하게 다가올 수밖에 없다.

전쟁과 기아, 빈곤과 질병, 그리고 재난과 코로나19의 공포가 삶을 옥죄는 어둡고 무거운 현실로부터 자유가 그리운 때. 새로운 갈망이 꿈틀 이고 웃음이 그리운 날이다. 비트 족과 히피들의 추앙을 받으며 '밀러라이트'(Miller-rite: 밀러 추종)의 아이콘이 된 헨리 밀러를 떠올리며, 밀러라이트(Miller Lite: 밀러맥주)를 음미하고, 오늘의 즐거움과 행복으로 충만한 밀러라이트(Millerites: 밀러추종자)가 돼본다. 오늘 여기, 이 순간의 '카르페디엠(Carpe diem)'.

다시, 북회귀선. 뜨거운 대지를 달리던 바람이 산을 넘고 강을 건너오고 있다. 떠나간 가을이 돌아오고 지친 영혼이 일어선다. 잠들었던 그리움, 사랑, 자유가 한껏 부풀어 펜 끝으로 모여들고 있다. 글을 쓸 시간, 북회귀선의 시작이다.

*2020년 10월. 『49 프로젝트』 게재 글.

5.
산에 오르면 글이 보인다

"산에 오르면 글이 보인다."라고 말하니 뜬금없는 얘기로 들린다. 혹자는 이 무슨 뚱딴지같은 소리냐며 신랄하게 비판할지도 모른다. 만일 글의 제목이 내용을 충실히 담지 못했거나 의미 있게 전달하지 못한다면, 책임은 필자에게 귀책 될 수밖에 없다. 하지만 분명한 것은 오류는 없다는 점이다. 산과 글은 같은 속성을 가지고 있으므로 높이 올라갈수록 글 또한 잘 보이게 된다.

산행의 맛은 어느 순간 탁 트인 조망을 갖게 된다는 것. 한 걸음 한 걸음 내디디며 인내를 발휘하던 심신이 탁 트인 전경을 보게 되는 순간엔 모든 것을 잊게 된다. 결코, 낮은 고도에서 전망이 좋을 수는 없다. 높이 올라가면서 어느 순간에 산 아래를 내려다볼 기회가 주어지며 시야는 넓어진다.

미국에서는 대학입학 자격요건으로서 에세이 쓰기를 포함한다. 글에 담겨있는 지원자의 아이디어와 창의성, 지적 편력(遍歷), 관점과 비전, 논리성과 필력까지의 모든 것을 길지 않은 글에서 다 파악할 수 있다. 얼마 전 서고에서 먼지를 뒤집어쓰고 있던 에세이 책을 끄집어냈다.

문득 읽어보고 싶던 생각이 들어서 미국 이민, 죽음과 이별, 가족, 자화상, 스포츠와 야외활동, 창의적 생각, 직장업무, 해외여행, 쓰기 등 다양한 주제에 대한 각 대학 지원자들의 에세이 모음을 읽어보았다. 그 중엔 명확한 관점과 논리적 전개를 보여주는 스마트한 하버드, 예일대 지원자의 글과 같은 대학 지원자면서도 글이 그다지 어필하지 않는 필자며, 창의적 아이디어를 가진 뛰어난 지방대생의 글도 있었다.

놀랄만한 일은 내게 있었다. 글의 전개가 한 눈에 들어오는 특이한 변화를 감지하게 되었다. 이전에는 읽어내지 못했던 다른 글의 장, 단점이 눈에 들어오는 것이다. 이것은 결국 스스로 글을 써가면서 취약점을 파악하고 보완해가는 자정 노력에 기인한 것이 아닌가 싶다. 쓰고 나면 또 고칠 것이 눈에 띄고, 미흡하여 지우고 다시 쓰는 우둔한 작업. 그렇지만 그 작업이 의미 있고 좋게 느껴진다. 부족함을 알고 천천히 조금씩 나아가는 작업이 가치 있게 느껴진다.

글 여행 속에서 어느 순간 깨닫게 되는 진리. 기본적인 것은 늘 부족함을 느끼고 고심하며 나아간다는 것이지만, 산을 오르는 것과 같이 어느 정도 고도를 오르면 자신만의 즐거움과 관점, 색깔을 가질 수 있는 것은 분명해 보인다.

어떤 글에는 과욕이, 어떤 글에는 조바심이, 또 어떤 글에는 상업성이, 또 다른 글에선 교만과 공명심, 지적 허영을 보이는 현란한 수사가 있다. 하지만 수많은 진실하고 정직하며 번득이는 지혜를 안겨주는 많은 글. 말없이 채찍질하고, 성찰하며, 통찰하는 묵묵한 글들이, 삶을 윤기 있고 풍요롭게 한다. 성긴 나의 글도 언젠가는 그 가운데 속하기를 소망한다.